DER HEILIGE GEIST

und seine Feuermenschen

REINHARD BONNKE

DER HEILIGE GEIST
und seine Feuermenschen

REINHARD BONNKE
UND GEORGE CANTY

Dieses Buch beschreibt,
wie die dritte Person der Dreieinigkeit,
der Heilige Geist,
in diesem Jahrhundert zu uns kam
und wie wir ihn und sein Wirken
kennenlernen können.

DER HEILIGE GEIST
und seine Feuermenschen

Reinhard Bonnke & George Canty

© E-R Productions GmbH 2008
ISBN 978-3-937180-35-9
1. Auflage, 1. Druck

Auflage: 3.000 Exemplare

Übersetzung: Eva & Judith Schreier
Lektorat: Kurt-Jürgen Gleichmann
Umschlag: Brand Navigation, U.S.A.
Satz: Roland Senkel
Fotos: Rob Birkbeck
Oleksandr Volyk
Fotoseiten: Carolina Blanco

E-R Productions GmbH
Postfach 60 25 95
60335 Frankfurt am Main
Deutschland

www.e-r-productions.com
info@e-r-productions.com

Druck: Schönbach-Druck, Erzhausen

INHALT

| | Bekenntnis | 7 |
| | Vorwort | 9 |

KAPITEL 1	Wer ist der Heilige Geist?	17
KAPITEL 2	Der Geist und sein unverkennbares Wirken	27
KAPITEL 3	Herrliche Gnade und Heiliger Geist	33
KAPITEL 4	Die Taufe im Heiligen Geist	43
KAPITEL 5	Zeiten der Erquickung	61
KAPITEL 6	Feuer und Leidenschaft im Heiligen Geist	67
KAPITEL 7	Geschichte der Geistesbewegung	81
KAPITEL 8	Der Paraklet	87
KAPITEL 9	Der Christus des Geistes	99
KAPITEL 10	Zungenrede	111
KAPITEL 11	Eine neue Begegnung	133
KAPITEL 12	Wenn der Geist in Aktion tritt	143
KAPITEL 13	Praxis im Geist	155
KAPITEL 14	Eifer um Geistesgaben?	167
KAPITEL 15	Die Gaben	179

Wovon sprechen wir?

Gott gießt seinen Geist aus, seine erwiesene Macht, die größte und wissenschaftlich nicht erklärbare Kraft auf Erden.

Der Geist ist Mitschöpfer und Erhalter des Universums; dieser Welt gilt seine besondere Fürsorge und Verantwortung.

Vom Vater gesandt, gibt sich der Heilige Geist durch Jesus an alle Gläubigen weiter. Niemand anders kann ihn geben. Er ist eine Person, kein Gegenstand. Wir können nicht über die Gottheit bestimmen.

Die Taufe im Heiligen Geist umfasst Körper und Geist. Der Heilige Geist wohnt in uns und schenkt uns die Gewissheit seiner ständigen Gegenwart und dauerhaften Kraft.

Der Heilige Geist ist der Geist der Liebe, ihr Anfang und ihre Quelle. Er gießt die Liebe in unsere Herzen und ist unser höchstes Gut, mächtiger noch als alle Wunder.

Der Heilige Geist ist die Realität. Ohne ihn ist Christsein machtlos und nicht möglich. Er ist das Wesen des Glaubens, seine geheime Dynamik und treibende Kraft.

Der Geist ist das Pneuma, der stets wehende Wind. Er ist immer aktiv. Wind ist nie regungslos, der Heilige Geist auch nicht. Wenn wir behaupten, den Heiligen Geist zu haben, dann sollten wir mit ihm und im gleichen Maß aktiv sein. Seine einzigen Werkzeuge sind die Gläubigen.

Gottes Geist tut unweigerlich Wunder. Wer Wunder bestreitet, bestreitet dem Schöpfer die Rechte.

Vor 100 Jahren brach ein neues Zeitalter des Heiligen Geistes an. Seitdem hat eine neue Dynamik hunderte Millionen Christen belebt, mit Auswirkungen auf die ganze Welt – und was für Auswirkungen! Es ist eines der bedeutendsten Phänomene aller Zeiten.

Im britischen, christlichen Magazin IDEA[1] wird David Martin, Professor Emeritus für Soziologie an der London School of Economics, mit den Worten zitiert, diese Bewegung des Heiligen Geistes sei „die dramatischste Entwicklung des Christentums im vergangenen Jahrhundert". Harvey Cox, Professor für Theologie in Harvard, nannte es „die Neuformung der Religion im 21. Jahrhundert" [2].

Es wird gesagt, dass seit dem Jahr 1900 größere Fortschritte gemacht wurden, den Geist – theologisch – zu verstehen, als in den 1.900 Jahren zuvor. Das kann durchaus stimmen. Wir wissen nichts über Gott, ohne dass es der Geist offenbart. Jesus sagte, der Geist spräche nicht über sich selbst, sondern über den Sohn: *„Jener, der Geist der Wahrheit […] wird mich verherrlichen, denn von dem Meinen wird er nehmen und euch verkündigen"* (Johannes 16,13f).

Das aufbrechende Interesse am Heiligen Geist kam aus den Reihen unbekannter Glaubensmenschen, nicht von den Gelehrten, obwohl es Gelehrte hervorbrachte. Diesen Menschen – Niemanden, die vom Geist erfüllt waren und aus den Randgruppen des Christentums kamen, begegnete man, wie nicht anders zu erwarten, mit Misstrauen. Sie hatten nur ihre Erfahrung, und für Kirchenleute hieß keine Theologie auch keine Empfehlung, keine Glaubwürdigkeit.

Doch wenn die Kirche eine Theologie des Heiligen Geistes forderte, warum stellte sie selbst keine bereit? Wo blieb ihre eigene Theologie der Himmelfahrt? Wo waren die Leitfäden für das Wirken des Heiligen Geistes? Es sah verdächtig danach aus, als erwarte man, dass das Christentum der Zeichen und Wunder des Heiligen Geistes, der grundlegende und ursprüngliche Glaube des Neuen Testaments, niemals wiederkehren würde.

Mit einem Heiligen Geist in Aktion könnte der neutestamentliche Glaube noch einmal zu einer ganz alltäglichen Erfahrung werden. Aber gab es überhaupt jemanden, der sich noch das Christentum des ersten Jahrhunderts, die 120 Jünger an Pfingsten vorstellen konnte? Nun, hunderte Millionen Menschen rund um die Welt sprechen heute von ihrer eigenen Erfahrung als einer Wiederholung der Apostelzeiten. Die weltweiten Auswirkungen des Heiligen Geistes gingen früher vielleicht weit über die menschlichen Vorstellungen hinaus, aber sie sind offensichtlich real und nicht zu ignorieren.

Immerzu werden wir mehr von Gott erfahren und lernen. Dies wird eine unserer ewigen Freuden sein. Jesus versprach, dass der Geist uns in alle Wahrheit leiten wird – leiten, und nicht hineinjagen wie einen Düsenjet in die Alpen. Er sagte, dass er seinen Jüngern noch einiges mitzuteilen hätte, aber sie seien dafür noch nicht bereit. Jesaja verkündete, Gott müsse die Menschen *„hier ein wenig, da ein wenig"* lehren (Jesaja 28,13).

Heute lernen wir noch viel mehr über den Heiligen Geist. Die
ursprüngliche Schar von „Entdeckern" strahlte 1906 mit einem
Licht, das von einem halb abgebrannten Missionsgebäude in
der Azusa Street bis nach Europa leuchtete. Sie hatten wenig
Gemeindelehre über den Heiligen Geist und schon gar kein
wissenschaftliches Studium. Deshalb nahmen sie einfach die
Bibel in die Hand, um sich selbst zu unterweisen. Wer sich mit
Gott auf den Weg machen will, braucht keine akademische
Lehre. Jene geistgetauften Väter aber hinterließen uns grundlegende Lehren, die auch heute noch, einhundert Jahre später,
sehr wichtig sind. Daniel wurde gesagt, dass *„die Erkenntnis sich
mehren"* werde (Daniel 12,4), und tatsächlich verstehen wir mit
der Zeit immer mehr. Bibeloffenbarungen sickern nur langsam
durch, bis sie feste Gemeindelehre werden. Es mag Jahrzehnte
oder sogar Jahrhunderte dauern, bis ein Wahrheitsaspekt als allgemein gültig betrachtet wird. Wenn wir über die Jahrhunderte
Gemeindegeschichte schauen, wird das deutlich.

Was in diesem Buch gesagt wird, mag für manche wie eine neue
Erkenntnis sein. Hier geht es nicht um Nebensächliches, sondern
um biblische und deshalb mächtige Wahrheit. Es handelt sich
auch nicht um *„Dinge* [...]*, die zu groß und zu wunderbar für
mich sind"*, sodass es der Psalmist vorzog, ihnen nicht nachzuge-
hen (Psalm 131,1). Leider gibt es heutzutage Menschen, die den
Großteil der Bibel genau unter diese Kategorie einordnen. Charles
Spurgeon zufolge denken einige abgehobene Lehrer, Jesus hätte
gesagt: „Füttert meine Giraffen!", und platzieren das Wort deshalb
außer Reichweite normaler Geschöpfe. Nein, diese Kapitel sind
eine für alle bekömmliche Nahrung, auch für „Babys in Christus".
Der Apostel Paulus sah, dass die Heiden in Athen hungrig nach

philosophischen Neuheiten, nicht nach Wahrheit, waren und dass der Areopag sie darin prüfte. Jesus hatte da ganz andere Vorstellungen: *„Darum ist jeder Schriftgelehrte, der ein Jünger des Reichs der Himmel geworden ist, gleich einem Hausherrn, der aus seinem Schatz Neues und Altes hervorbringt"* (Matthäus 13,52). Wir alle können mit Gott gehen und in seiner Erkenntnis wachsen, aber wir gehen langsam und hüpfen nicht jeden Tag in ein neues Paar Schuhe.

Die geisterfüllten Gemeinden haben sich in diesem Jahrhundert stark verändert, doch Grundriss ist immer noch das Wort Gottes. Früher mussten geisterfüllte Menschen in unseren Ländern oft stürmische Zeiten durchleben. Es war das Wort, das sie zu dem machte, was sie waren. Das Wort war der unerschütterliche Fels, auf den sie sich gründeten, nicht allein ihre Erfahrungen – und genau das wird dieses Buch aufzeigen. Pflicht der Lehrer ist, die christlichen Grundlagen zu stärken und Belege für das neue Leben zu liefern, das vom lebendigen Wort hervorgebracht wird.

Ein Professor des Fuller College sagte, dass diese Neuentdeckung des Heiligen Geistes eine gründliche Erweiterung der gesamten christlichen Lehre sei. Es ist der Heilige Geist, der jedem bedeutenden Glaubensgut Tiefe verleiht. Das revolutionäre Geheimnis ist gelüftet: Das Evangelium gilt sowohl für den Körper als auch für die Seele. Gott wirkt auf Erden wie im Himmel. Wir wissen jetzt, wer der Heilige Geist wirklich ist. Er ist die treibende Kraft des göttlichen Wirkens auf Erden.

Natürlich gibt es da immer Randgruppen wie die Eifrigen, aber Unweisen; die Arroganten, die höhere, private Offenbarungen für sich beanspruchen; und schließlich jene, die annehmen, den Geist zu haben bedeute, Gott müsse alles tun, was sie sagen. Neue Schemata, Allheilmittel, Gags, „Geheimnisse", die Erweckung bringen und mit sofortiger Wirkung die Gemeinden füllen, kommen auf wie am Fließband, verknüpft mit geheimen Anweisungen und Richtlinien vom Allmächtigen persönlich. Aber Extremisten sind nicht unsere Vorbilder.

Zigmillionen Menschen sind heute mit dem Heiligen Geist erfüllt, und dies schafft eine akute Nachfrage nach Unterweisung. Den Heiligen Geist zu erfahren ist wundervoll, aber wir müssen darin wachsen. Schon lange hatte ich den Wunsch, es gäbe ein aktuelles Handbuch von verlässlicher Herkunft, damit die Gläubigen anhand des Wortes lernen können, was annehmbare Verhaltensweisen und Normen sind. Dieses kleine Buch ist ein Versuch in diese Richtung. Unsere Evangelisationen und die vielen Menschen, die damit zu tun haben, machen ein solches Handbuch dringend notwendig.

Ich veröffentliche dieses Buch mit der Unterstützung von hoch qualifizierten christlichen Gelehrten. George Canty, ein englischer Freund, der sich ebenfalls nach einem solchen Buch sehnte, hat sich dem Projekt angeschlossen. Dass wir beide nach demselben gesucht haben, schien mir mehr als ein Zufall zu sein; wir verstanden es als Gottes Regie. George Canty besitzt einzigartige Qualifikationen; bereits 1926 erlebte er Apostelgeschichte 2 real. Noch immer gewinnt er Kraft daraus und wirkt bei einer Vielzahl von evangelistischen Initiativen mit. Er ist ein biblischer Theologe mit klarem, unverfälschtem Verstand.

Der Heilige Geist ist der inspirierende Geist. Diese Kapitel sind nur ein Resultat davon; sie wurden in der Hoffnung geschrieben, dass jeder es verstehen kann und bereichert wird. Es handelt sich nicht um aufgewärmte Weisheiten, die jeder kennt, auch nicht um dramatisch ausstaffierte Wohlfühlpredigten. Dies ist ursprüngliche und frische biblische Lehre. Ich habe um Gottes Salbung für dieses Buch gebeten und dass der Heilige Geist, der große Lehrer, Herz und Verstand eines jeden Lesers salben möge.

Zeugnis

Als ich ein Junge war, sehnte ich mich nach der Taufe im Heiligen Geist mehr als nach dem täglichen Brot. Mein Vater nahm mich schließlich zu einer Hausversammlung mit, in der ein bekannter Prediger mehrere Gebetsstunden abhielt. Während ich dort für mich allein war, abseits von allen andern, war mir, als würde sich der ganze Himmel in meine Seele zwängen. Von Gott erfüllt, begann ich in neuen Sprachen zu reden. In mir wurde ein geistlicher Instinkt geboren, der mich anstieß und leitete. Ich muss nicht um Gottes Gegenwart beten, ihn nicht suchen. Ich vertraue schlicht auf sein Versprechen. Wir sind seine Tempel. Er ist dort, wo wir sind, und er wird uns niemals verlassen noch aufgeben. Der Geist Gottes wirkt seine Wunder.

Der Heilige Geist

kommt für die Besten

und Schlechtesten von uns;

er ist die Verheißung des Vaters,

vom Sohn gesandt.

Welch ein Geschenk!

KAPITEL 1

Wer ist der Heilige Geist?

Über weite Teile der Kirchengeschichte war der Heilige Geist kaum mehr als ein Name. Doch heute wissen wir mehr. Wer nun ist der Heilige Geist? Er ist Gott in irdischer Aktion.

Viele Jahrhunderte lang sahen die Menschen den Heiligen Geist als genau das: einen heiligen Geist, eine Art religiösen Duft oder Atmosphäre, die in gotischen Kirchengewölben hängt. Die Majestät des Allmächtigen, die dritte Person der Gottheit, war anscheinend nur als mysteriöse Kathedralenatmosphäre bekannt. Welch eine Abwertung!

Wenn wir über ihn sprechen wollen, müssen wir ihn zuerst identifizieren. Er ist die Kraft von Pfingsten. Er hat die christliche Gemeinde ins Leben gerufen. Wir können auch sagen, wann und wo das war. Es geschah im Jahr 29 unserer Zeitrechnung, an einem jüdischen Fest, gut sieben Wochen nach der Kreuzigung Jesu. An jenem Morgen fiel der Geist Gottes wirklich auf die Welt, nicht als eine sanfte Brise, sondern regelrecht als Wirbelsturm. Er kündigte sein Kommen mit dem Wunder an, dass 120 Jünger in Zungen redeten. Dieser laute „Ausbruch" zog Menschen an – zur ersten christlichen Versammlung.

Der Heilige Geist kam nicht nur, um Göttliches zu offenbaren, um eine einmalige Erfahrung zu schenken, an die man sich noch im Alter erinnern kann. Er gab den Jüngern Mut, sodass sie alle Ängstlichkeit ablegten und die Welt herausforderten. Jahrtausendelang und allerorten war die Menschheit tief gefangen in Aberglauben und Traditionen. Aber 29 n. Chr. wuchsen Menschen in einem entlegenen Winkel der Erde über sich selbst hinaus – und stellten sich dem Teufel, der Welt und der Geschichte. Wie der bekannte Evangelist Smith Wigglesworth einmal sagte, wurde die Apostelgeschichte geschrieben, weil die Apostel Geschichte schrieben.

Hier war sie, die versprochene Lebensquelle. Christus war auferstanden und sandte als Beleg die Gabe des Geistes. Zur Rechten Gottes sitzend, gab er der Welt den physischen Beweis. Die Jünger erlebten etwas auf der Welt noch nie Gekanntes.

Trotz dieser so greifbaren Erfahrung wurde, als die Erinnerung an die Apostel verblich, aus dem Heiligen Geist irgendwie eine weit entfernte Realität. Man erinnerte sich an Jesus und all seine Werke, und nach einiger Zeit wurde auch ein großes christliches Bekenntnis verfasst: das Apostolische Glaubensbekenntnis. Dieses Glaubensbekenntnis wurde schon an hunderttausend Sonntagen von Abermillionen Christen aufgesagt. Aber es erwähnt den Heiligen Geist nur am Rande: „Ich glaube an den Heiligen Geist". Wir wissen nicht, wer das Glaubensbekenntnis geschrieben hat, aber es waren sicher nicht die Apostel. Wer auch immer es verfasste, war sich des Heiligen Geistes und seiner tragenden Rolle offensichtlich nicht so bewusst wie die ersten Jünger.[3]

Dr. Arthur Headlam, ehemaliger Bischof von Gloucester, sagte in einem Kommentar, es sei nicht klar, welche Gaben des Geistes in der Urkirche praktiziert worden seien. Paulus aber schrieb so an die Galater, als sei die Erfahrung des Heiligen Geistes ein Bestandteil des täglichen Lebens: *„So lasst uns durch den Geist wandeln!"* (Galater 5,25). Der große Bibelübersetzer J. B. Lightfoot wusste wenig über den Geist und meinte, im Geist zu leben sei „eher ein Ideal als eine Lebenswirklichkeit". Diese Ansicht scheint seit Ende des 19. Jahrhunderts allgemein anerkannt gewesen zu sein. Die Realität des Heiligen Geistes war langsam aus dem Blickfeld verschwunden.

> Der Heilige Geist ist Gott in irdischer Aktion.

Der Geist ist Gott – und Gott ist nicht fern. Das war noch nie seine Absicht. Wir sollten den Geist genauso kennen, wie wir den Vater und Jesus kennen. Der Vater und der Sohn sind eins, können aber voneinander unterschieden werden. Wir erkennen ihre Rollen an. Was ist nun die Rolle des Heiligen Geistes, seine kennzeichnende Eigenschaft?

> Der Heilige Geist ist die dritte Person der Dreifaltigkeit, die auf Erden wirkt. Alles, was Gott außerhalb des Himmels tut, geschieht durch den Geist.

Der Heilige Geist ist die dritte Person der Dreifaltigkeit, die auf Erden wirkt. Alles, was Gott außerhalb des Himmels tut, geschieht durch den Geist. Alle Erfahrungen der Gläubigen wie Vergebung, Gebetserhörungen, Gewissheit, Freude, Heilungen und Zeichen sind die Werke Gottes, vollbracht durch den Heiligen Geist. Heute wirkt Gott ringsum durch den Heiligen Geist. Im Neuen Testament erfahren wir, wer der Geist ist. So wurde die Apostelgeschichte auch schon „Die Geschichte des Heiligen Geistes" genannt.

> **Der Heilige Geist ist der Gott von Pfingsten, der Geist der Aktivität, Macht, Liebe, Kraft und Wunder.**

Eine grundlegende biblische Tatsache ist, dass Gott sich mehr im Wirken als in Worten zeigt. Der Heilige Geist ist der Wirkende. Er ist der Wind des Himmels, der immer weht, sonst wäre er nicht da. Wenn wir den Geist kennen, kennen wir Gott; und wir alle können ihn so kennenlernen, wie wir Jesus kennen.

Der Heilige Geist ist die von Jesus verheißene, wundervolle Kraftquelle. Bis dahin war der Geist nicht wirklich bekannt. Die ersten Jünger mussten dieses neue Potenzial erst einmal kennenlernen. Die Apostelgeschichte ist die Geschichte, wie sie den Heiligen Geist erforschten. Sie waren von Jesus gesandt worden, eine unmögliche Aufgabe zu erfüllen, nämlich das Evangelium in die Heidenwelt zu tragen und Licht in ihre tiefe Finsternis zu bringen. Sie waren nur einfache Fischer und Bauern, aber der Heilige Geist machte aus ihnen geistliche Übergrößen, die man noch gut 2.000 Jahre später ehren würde. So ist der Heilige Geist. Der Heilige Geist ist der Gott von Pfingsten, der Geist der Aktivität, Macht, Liebe, Kraft und Wunder.

Der Heilige Geist ist nicht gekommen, um eine gemütliche Stimmung in der Gemeinde zu schaffen. Wir holen ihn nicht in unsere Gottesdienste, indem wir für die richtige Atmosphäre sorgen, ob nun leise und gedämpft oder laut und überschäumend. Der Heilige Geist muss nicht angelockt, herbeigerufen, überredet oder geködert werden. Er ist kein unwilliger oder gleichgültiger Besucher, sondern kommt und zieht auf eigenen Wunsch und Willen ein.

Die Apostel beteten nicht um den Heiligen Geist, sondern er kam und erfüllte den Ort. Jegliche Atmosphäre, die sie vielleicht zusammen erlebt hatten, war wie weggeblasen, verdrängt von einem *„gewaltigen Wind"* (Apostelgeschichte 2,2). Der Geist ist die Atmosphäre des Himmels selbst, und der Himmel kommt mit ihm herab. Er ist das Pneuma, der Wind des Himmels, der durch unsere verstaubten Traditionen und Stillstände weht. Wir können „Willkommen, willkommen!" singen, aber der Heilige Geist kommt nicht, weil wir ihn willkommen heißen. Er ist kein Gast, kein Fremder, der für eine oder zwei Stunden hereingebeten wird. Er ist der Herr vom Himmel und lädt uns in seine Gegenwart ein. Dort, wo Glaube und das Wort vorhanden sind, findet er seine natürliche Umgebung.

Der Heilige Geist erwählt nicht das Starke und Fähige, obwohl er es auch nicht ignoriert. Sein Ziel jedoch ist, dem Schwachen und Bedürftigen Kraft zu geben, den kleinen Leuten, die gering von sich denken. Ihre Schwachheit zieht seine Macht, seine Fülle und Leben spendende Dynamik an. Er kommt für die Besten und Schlechtesten von uns; er ist die Verheißung des Vaters, vom Sohn gesandt. Welch ein Geschenk!

Wir lesen voll Staunen und Freude, was der Geist zu Zeiten der Bibel war. Dies ist derselbe Geist, über den wir hier sprechen! Er ist der ewige Geist, heute nicht anders als damals. Tatsächlich waren die Zeiten des Alten Testaments nicht die Tage seines ständigen und stärksten Wirkens. Er ist der neutestamentliche Geist. Er ist das Wesen des christlichen Glaubens, das uns im Evangelium gebracht wird. Es gibt kein Christentum ohne ihn. Er ist kein Zubehör, sondern die Substanz dessen, was wir glauben. Er ist

Gott auf Erden, aktiv gegenwärtig und unsere Erfahrungen filigran bis ins Einzelne durchdringend. Damit ist das Christentum ein übernatürlicher Glaube. Ein nicht übernatürliches Evangelium ist nur eine leere Hülle.

Das Neue Testament sagt kein einziges Wort darüber, dass der Heilige Geist sich jemals verändern oder ganz verschwinden würde. Auch wenn wir den Geist „auslöschen" oder „betrüben", zieht er sich nicht zurück und verlässt uns nicht (Johannes 14,16). David betete: *„Den Geist deiner Heiligkeit nimm nicht von mir!"* (Psalm 51,13). Aber das war tausend Jahre, bevor der Geist kam, um bei uns zu bleiben. Unser Unglaube betrübt den Heiligen Geist. Wir können ihn sicherlich durch das betrüben, was wir tun, aber wir könnten ihn weder auslöschen noch betrüben, wenn er gar nicht bei uns wäre. Die Welt kann ihn nicht auslöschen oder betrüben. Allein die Gläubigen haben dieses zweifelhafte Privileg.

> Wir müssen tun, was die Apostel taten. Und wenn wir es tun, wird Gott uns geben, was er ihnen gab.

Das höchste Werk des Geistes ist die Errettung. Seine Priorität sind nicht Christen, die sich ständig Skrupel über Feinheiten, Geistlichkeit und Heiligkeit machen: Jede unserer Tugenden würde sowieso von der Welle seiner heiligenden Gegenwart hinweggerissen und emporgetragen. Die Apostel brauchten den Geist – und wir erst recht. Zu den Zeiten der Bibel gab es auf der Welt etwa 300 Millionen Menschen, die alle nicht evangelisiert waren. Heute leben fast 7 Milliarden Menschen auf der Erde, und die Mehrheit ist nicht evangelisiert. Wir müssen tun, was die Apostel taten. Und wenn wir es tun, wird Gott uns geben, was er ihnen gab.

Die Apostelgeschichte beschreibt nicht den Höhepunkt der Geisteskraft, sondern nur das, was die ersten Jünger durch den Geist taten, und dies wird keineswegs als das mögliche Maximum hingestellt. **Es gibt kein Maximum.** Die ersten Christen sind keine unerreichbaren Vorbilder. Ihre Geschichte fasst nur erstmals die Möglichkeiten eines Dienstes im Heiligen Geist zusammen. Das Feld ist nun uns überlassen. Paulus betete: *„Er erleuchte die Augen eures Herzens, damit ihr wisst, [...] was die überragende Größe seiner Kraft an uns, den Glaubenden ist, nach der Wirksamkeit der Macht seiner Stärke. Die hat er in Christus wirksam werden lassen, indem er ihn aus den Toten auferweckt hat"* (Epheser 1,18-20).

Es war nie gedacht, dass Christen die Welt, das Fleisch und den Teufel nur mit ihren eigenen Mitteln bekämpfen sollten – ob sie nun im ersten oder 21. Jahrhundert lebten. Das Evangelium ist *„Gottes Kraft"* (Römer 1,16) – und zwar durch den Heiligen Geist, aber nicht, wenn wir ihn ignorieren. Wie viel von dem, was heute verkündigt wird, klingt, als käme der Prediger gerade mit den Aposteln aus dem Obersaal? Wie viel klingt danach, dass das Evangelium tatsächlich die Kraft Gottes ist? Prediger, die in ihre Gemeinde kommen wie Ärzte in ihre Klinik, ohne Leidenschaft, geben dem Heiligen Geist keine Chance. Die christliche Arbeit kann nicht ohne Salbung des Heiligen Geistes getan werden, so viel ist sicher. *„Werdet voller Geist!"* lautet unsere Anweisung (Epheser 5,18). Zielstrebig zu sein gehört dazu, doch das neutestamentliche Muster ist, vom Geist getrieben zu sein. Er ist der Motivator und die motivierende Kraft.

Die halbe Million Worte des Alten Testaments sind Gottes Abhandlung über den Heiligen Geist. Es wird gezeigt, dass ganze

Nationen ins Verderben laufen, wenn Gottes Geist missachtet wird. Der Geist berührte in Israel hin und wieder einzelne Menschen, ansonsten befand sich das Volk gewöhnlich auf dem Weg nach unten. Doch als der Geist kam, wurde alles anders. Es war ein übernatürliches Evangelium mit revolutionären Auswirkungen.

Der Glaube verbreitete sich. Mit den Jahren wurde er aber brüchig und verweltlicht, und seine Geschichte lässt vermuten, dass die christliche Gemeinde das Potenzial des Geistes nicht recht erkannt hat. Der Geist war immer am Wirken, denn er ist der ruhelose und immer aktive Eine. Auch wenn ihm vielleicht wenig Aufmerksamkeit zuteil wurde, arbeitete er doch gegen den Strom kirchlicher Verderbtheit. Denn die Kirche verwickelte sich in Intrigen, Politik, Irrlehren, zerstörerische Streitigkeiten und Debatten um Themen, die weit entfernt von allem waren, was Jesus gesagt hatte, und vergaß die Realität des Heiligen Geistes.

Es ist höchste Zeit für uns, zu wissen, wer der Heilige Geist ist und was Jesus über ihn als das Geheimnis der Evangeliumskraft gesagt hat. Es geht nicht darum, sich abzustrampeln und abzumühen, um den Geist zu bekommen, sondern darum, dem Geist Einlass zu gewähren. Wir produzieren seine Kraft nicht. Wir aktivieren ihn nicht. Wir rufen seine Macht nicht durch Gebet, Schweiß, Krampf, Zeit, Anstrengung, gute Werke oder sonst etwas hervor. Der Vater gibt uns den Geist als Geschenk, nicht als Belohnung, Sold oder etwas, was wir erwerben. Wenn wir selbst so gut werden könnten, dass wir den Heiligen Geist verdienten, brauchten wir ihn nicht. Wie Elisa sind wir alle gerufen, Elias Mantel aufzunehmen, aber unser Elia ist Christus Jesus! Wir fragen nicht:

„Wo ist der Herr, der Gott des Elia?" (2. Könige 2,14), sondern: „Wo ist der Gott unseres Herrn Jesus Christus?" Denn ein Größerer als Elia ist gekommen.

Der Geist ist

Urheber aller Dinge,

der sichtbaren wie der unsichtbaren.

Was wir „Wunder" nennen,

ist keines für den Schöpfer,

aber durch seine Wunder

erhält er alles Geschaffene.

Alles existiert durch den Heiligen Geist.

Nichts ist natürlicher als das Übernatürliche.

Nicht die Wunder überraschen;

das Ausbleiben von Wundern

würde überraschen.

KAPITEL 2

Der Geist und sein unverkennbares Wirken

In 1. Petrus 1,12 wird eines der Merkmale genannt, die ihn kennzeichnen. Der Heilige Geist wird als der Eine beschrieben, *„der vom Himmel gesandt ist"*.

Johannes 13,3 berichtet uns, dass Jesus vom Himmel kam. *„Das Wort wurde Fleisch und wohnte unter uns"* (griechisch *eskeénôsen*: „zeltete"; Johannes 1,14). Welch wunderbarer Gedanke – Gott lässt sich bei uns nieder! Genau das hatte Jesus versprochen: *„Wenn jemand mich liebt, [... wird] mein Vater [...] ihn lieben, und wir werden zu ihm kommen und Wohnung bei ihm machen"* (Johannes 14,23). Das traf auf Jesus zu, aber es trifft auch auf Christi Geist zu: *„[Der] Vater [...] wird euch einen anderen Ratgeber geben, der euch nie verlassen wird"* (Johannes 14,16 NL).

Der Heilige Geist ist keine seltene Erfahrung für zurückgezogene Mystiker, sondern die selbstverständliche Chance für uns alle. Gott sehnt sich danach, dass wir uns nach ihm sehnen. Es ist sein ausdrücklicher Wunsch, uns durch seinen Geist nahe zu sein. So war es von Anbeginn der Schöpfung. Der Geist sollte das Umfeld sein, in dem wir jeden Tag leben und uns bewegen.

In den Augen der Welt sind geisterfüllte Menschen seltsam, befremdlich. Ja, für sie sind wir das. Wir sind eine neue Gattung, eine neue Spezies, eine neue Schöpfung in Christus, sind nicht mehr nur *Homo Sapiens*, sondern durch den Geist erneuert, zu Gefäßen des Geistes geformt. Wir atmen das *Pneuma* Gottes.

Ohne den Heiligen Geist sind wir nicht so, wie Gott sich uns vorgestellt hat. *„Wer den Geist Christi nicht hat, der gehört auch nicht zu ihm"* (Römer 8,9 HFA). „Nicht zu Christus gehören" spricht von einer verdrehten Ordnung. Wir passen nicht zu ihm. Ohne den Geist sind wir für Gott unbrauchbar und werden für seinen Plan abgelehnt.

Das frustriert Gott. Jesus versprach: *„Ich werde den Vater bitten und er wird euch einen anderen Ratgeber geben"* (Johannes 14,16 NL). Es ist sein ausdrücklicher Wunsch, dass wir den Geist haben, genauso wie das Brot, das ein Vater seinen Kindern geben möchte.

> Der Heilige Geist ist keine seltene Erfahrung für zurückgezogene Mystiker, sondern die selbstverständliche Chance für uns alle. Gott sehnt sich danach, dass wir uns nach ihm sehnen.

Der Geist Gottes, der Heilige Geist, ist das göttliche Kraftwerk, das die Arbeit vollbringt. Die Schöpfung ist seine Handarbeit (mehr dazu später). Er erschuf alle Dinge, Himmel und Erde, und ist in beiden Sphären wirksam. Hebräer 1,3 erklärt uns, dass der Sohn *„alle Dinge durch das Wort seiner Macht trägt"*. Er ist hingegeben. Er trägt Verantwortung für die Erde und ihre Bewohner und – darüber besteht kein Zweifel, auch wenn es so nicht in der Bibel steht – für den Himmel.

Der Geist ist Urheber aller Dinge, der sichtbaren wie der unsichtbaren. Was wir „Wunder" nennen, ist keines für den Schöpfer, aber durch seine Wunder erhält er alles Geschaffene. Alles existiert durch den Heiligen Geist. Nichts ist natürlicher als das Übernatürliche. Nicht die Wunder überraschen; das Ausbleiben von Wundern würde überraschen. Der Geist brachte die Welt mit all ihren Wundern hervor. Er schuf sie und kann sie neu schaffen, er kann heilen und retten, Zeichen und Wunder tun. Anders kann es nicht sein. Wenn wir Menschen schon ein Haus bauen und uns darum kümmern können, kann Gott das erst recht!

Die ersten Verse der Bibel (1. Mose 1,1f) zeigen uns, wie die Ausgangssituation war: *„Im Anfang schuf Gott die Himmel und die Erde. Und die Erde war wüst und leer, und Finsternis war über der Tiefe. Und der Geist Gottes schwebte über den Wassern."* Er wartete auf das Zeichen, die Regie zu übernehmen. Alle Pracht der Erde, des Meeres und des Himmels war seine Arbeit, und Gott berief ihn als Verwalter und Pfleger. Der Heilige Geist brachte diese Welt aus dem Strudel von Raum und Zeit, wie von einem schwangeren Universum entbunden, hervor – diese besondere Welt, den Schauplatz für Gottes Endschlacht gegen das Böse.

> Staunend lesen wir die Worte: „So hat Gott die Welt geliebt" – diese Welt, unsere Welt, eine unter Billionen anderer Welten, zu denen sein Sohn nicht gesandt wurde, um gekreuzigt zu werden.

Warum nur hat der unendliche Gott seine Aufmerksamkeit so ganz auf einen Planeten konzentriert, der von einer so unwürdigen Rasse bevölkert wird? Diese Überlegung führt uns zu dem

Gott, der sich der Menschheit offenbart, allerdings gehüllt in Wolken seiner geheimnisvollen Herrlichkeit. Staunend lesen wir die Worte: *„So hat Gott die Welt geliebt"* (Johannes 3,16) – diese Welt, unsere Welt, eine unter Billionen anderer Welten, zu denen sein Sohn nicht gesandt wurde, um gekreuzigt zu werden. Unsere Welt ist für ihn kein Zeitvertreib, kein interessantes Zwischenspiel, um aus der Ewigkeit zu beobachten, wie freie Geschöpfe sich verhalten. Diese Welt war der entscheidende Ort der Ewigkeit. Hier mussten die Dinge gelingen. Aus diesem Grund ist der Heilige Geist hier. Gott konnte nur dem Geist und seinem geliebten Sohn trauen.

Ganz gleich, ob wir es begreifen oder nicht, wir sind Gegenstand der tiefsten Aufmerksamkeit Gottes. Hagar war in jeder Hinsicht eine Ausgestoßene, aber als sie dem göttlichen Boten von Angesicht zu Angesicht gegenüberstand, erkannte sie etwas, was auch heute noch wahr ist: *„Du bist ein Gott, der mich sieht"* (1. Mose 16,13).

Bei christlichen Versammlungen singen wir manchmal: „Heiliger Geist, willkommen!"; aber ob willkommen geheißen oder nicht, er ist da. Ist es nicht ohnehin etwas arrogant, ihn willkommen zu heißen? Wessen Versammlung ist es denn? Er lädt uns ein, sonst würde es überhaupt keine Versammlung geben. Er deckt uns den Tisch; nur die Heiden decken Tische für ihre Götter. Diese Welt ist eines der „Herrschaftshäuser", eine der Wohnungen Gottes. Wir sind seine Gäste. Er ist der Gastgeber.

Das ist der Heilige Geist – und noch so viel mehr, als irgendein einzelnes Kapitel fassen könnte.

Der Geist in uns

ist aktiv, nicht zurückgezogen.

Er bleibt, hat seinen Wohnsitz bei uns,

und wirkt auf jeden menschlichen Bereich ein,

sei es körperlich, geistlich oder seelisch.

Er ist unsere Kraft zum Zeugnis,

damit unser ganzes Sein

die Wahrheit vermittelt,

nicht nur durch Wunder,

sondern durch ein

geisterfülltes Leben.

KAPITEL 3

Herrliche Gnade und Heiliger Geist

Wir lernen nur langsam, leben aber heute in jenen letzten Tagen, über die der Prophet Daniel erfuhr: *„Die Erkenntnis wird sich mehren"* (Daniel 12,4). Wer 90 Jahre alt ist, wird seinen Enkeln sicher schon beschrieben haben, wie sehr sich alles verändert hat, selbst die Kultur und die Denkmuster. Leider ist im Denken des modernen Menschen keinerlei Gottesfurcht mehr vorhanden, und die Menschheit hat sich über die Jahrhunderte nicht verbessert, sondern unsere Sünden haben das gleiche Muster wie die von Adam. Dagegen waren vor 90 Jahren fast alle Merkmale unserer heutigen Lebensart noch unbekannt.

Wir können uns nur vorstellen, dass vor weniger als 200 Jahren ein Pferd das schnellste Transportmittel war und die Bilder, die es gab, von Hand gemalt worden waren; es gab keine Fotografie und kein Fernsehen zeigte hochgejubelte Unbekannte. Viele tausend Jahre lang schritt die Menschheit nur langsam voran, bis zur modernen Explosion von Wissenschaft und Technologie. Moralisch und religiös jedoch lernen wir kaum dazu, weil menschliches Eigeninteresse uns behindert. Als die Wasserstoffbombe abgeworfen wurde, kamen Schreiber aller Zeitungen zu dem Schluss, dass die moralischen Werte hinter der Wissenschaft zurückgeblieben seien. Wie Jesus bereits sagte, sind wir *„im Herzen zu träge, um* [...] *zu glauben"* (Lukas 24,25).

Das trifft im Hinblick auf den Heiligen Geist sicherlich zu. 1.900 Jahre lang nahm man ihn nur schattenhaft und mysteriös wahr. Man wusste um die Errettung, aber der Heilige Geist schien sogar in der Kirche ein Fremder zu sein. Dabei war er am Werk – in allem, was Gott tat. Doch Theologen und Lehrer ersetzten diese heilige Person durch eine unpersönliche Macht – „Gnade" – und machten aus dem, was eigentlich Gottes Wesen ist, eine Kraft. Sie glaubten, dass Gott oder irgendein Etwas geistliche Dinge tat. Das geistliche Wirken musste ja auf etwas zurückgeführt werden. Man schrieb es aber nicht dem Heiligen Geist zu, sondern der „Gnade".

Der große Lehrer Augustinus von Hippo, der vor 1.600 Jahren lebte, prägte die Lehre der Kirche für die kommenden Jahrhunderte. Sein mächtiger Intellekt schien unfehlbar. Seine Heilstheologie wurde akzeptiert, als hätte sie ein Engel Gottes geschrieben. Aber Augustinus war Philosoph und behandelte geistliche Lehre auf aristotelisch-philosophische Art. Seine Logik manövrierte ihn in mehr als eine geistliche und lehrmäßige Sackgasse.

Wie andere vor ihm entwickelte Augustinus seine Heilslehre rund um das Wort „Gnade". Doch Gnade ist nichts anderes als Gottes Haltung liebenden Wohlwollens. Sie ist nichts Eigenständiges, sondern meint seine Fürsorge für die verlorene Menschheit. In der Heiligen Schrift werden Gottes Gunst und Gaben manchmal sinngemäß als Gnade bezeichnet.

Augustinus' Kirchenlehre wird selbst heute noch in vielen Kirchenkreisen, von katholisch bis evangelikal, vertreten. Es gibt beliebte Kirchenlieder über oder an die Gnade, denn nur wenige machen sich Gedanken über die tatsächliche Lehre oder Geschichte dahinter. Natürlich berichtet die Bibel über die Gnade unseres Herrn Jesus Christus. Er war Gottes höchster Erweis der Gnade oder Gunst. Jesus war *„voller Gnade"* (Johannes 1,14) – das bedeutet voller Güte. Er war selbst die Verkörperung der Gunst Gottes uns gegenüber. Es war Gottes Liebesgabe, seine Art zu zeigen, dass er sich mit sündhaften Männern und Frauen versöhnte. Auf wundervolle Art und Weise war Jesus die Gnade, aber Gnade war kein gesichtsloses, mysteriöses Element, das sich unaufhaltsam unter den Gläubigen bewegt.

Nach älteren Lehren tat Gnade alles, was Gott konnte. Man sprach von „souveräner Gnade", als handele es sich um eine unabhängige Kraft mit eigenständigem Willen. Das Lied „Amazing Grace" von John Newton aus dem 18. Jahrhundert ist in den meisten Gesangsbüchern zu finden und schreibt alles der Gnade zu. Es erwähnt weder Gott noch Christus. Vielleicht wird es deshalb so oft von Nichtchristen bei Trauerfeiern und Hochzeiten gesungen. Gnade ist niemand, zu dem man beten oder den man anbeten kann. „Souveräne Gnade" erwählt jene, die gerettet werden sollen. Nach der „klassischen" Erweckungstheorie wirkt die Gnade, indem sie die Zahl der Auserwählten vollendet: „… durch Gnade allein errettet."

Auch heute schätzen geisterfüllte Gläubige die wundervolle Gnade Gottes, aber nicht als Energie oder wirkende Kraft. Alles geistliche Handeln kommt vom Heiligen Geist. Jesus ist es, der rettet, und er bevollmächtigt niemand sonst, seine Arbeit zu tun. Der Heilige Geist nimmt Dinge von Jesus und überträgt sie auf unsere Bedürfnisse.

Im katholischen Gedankengut konnte Gnade entstehen und angehäuft werden. Opfer und völlige Hingabe schufen Gnade und
machten Menschen zu Heiligen. Für gewöhnliche Gläubige gab es
„Gnadenmittel" – Sakramente, Gebete und Kirchgang. Menschen
waren in einem „Gnadenstand", etwa wenn sie gerade bei der
Beichte gewesen waren. Gnade war die geistliche Währung, durch
Arbeit erkauft. Es gab einige sehr heilige Personen, die einen
Überschuss an Gnade angehäuft hatten und ihren Gnadenvorrat
mit anderen teilen konnten. Solche herausragenden Menschen
hatten sich normalerweise äußerster Strenge und Entbehrung
unterzogen. Diese Männer und Frauen wurden von der Kirche
offiziell zu „Heiligen" erklärt. Für Länder und spezielle andere

> Diese Kraft von Gott, die durch die Taufe im Geist mit Zungenrede kam, wurde zur Hebelkraft.

Bereiche gibt es Schutzheilige, die den
Lebenden helfen sollen. Der heilige
Judas ist momentan sehr beliebt.

Uns beschäftigt hier nicht, ob diese
Praxis gerechtfertigt ist oder nicht.
Wir erwähnen sie nur, um zu zeigen, wie „Gnade" über 1.600
Jahre hinweg ein zentrales Thema war. Dann brach 1904 die viel
beachtete „Erweckung" in Wales unter Evan Roberts aus. Als er
die Geistestaufe erlebt hatte, durchzog er Südwales – als Pionier,
der sich auf den Heiligen Geist verließ, als er von Kirche zu Kirche
ging und Buße und Errettung predigte. Die walisische Erweckung
war vielleicht die erste, die man als Erweckung des Heiligen
Geistes und nicht der „Gnade" bezeichnen kann. Gott fing an,
die gängige „Gnadentheorie" zu durchbrechen. Christliche
Leiter sprachen von der „gegenwärtigen Kraft" und erkannten
in ihr dieselbe Kraft, die bald darauf in den frühen geistgesalbten
Versammlungen in Los Angeles wirksam wurde.

Diese Kraft von Gott, die durch die Taufe im Geist mit Zungen-rede kam, wurde zur Hebelkraft. In einem alten Methodisten-gebäude in Los Angeles, in der Azusa Street, nahm Gott erneut das Schwache dieser Welt, um das Starke zu Schanden zu machen. Etwa 20 einfache Christen erkannten das „Geheimnis" und genossen einen wahrhaft apostelgeschichtlichen Segen.

> Es ist gewaltig: Was immer Gott tut, tut die gesamte Gottheit mit derselben Intensität.

Die Lehren der Vergangenheit fanden ihre Überarbeitung, der Heilige Geist zeigte unmissverständlich seine Handschrift. In einem andern Kapitel werden wir diese Begebenheit näher be-trachten (Kapitel 7).

Wir wollen nun einen Moment innehalten und das Wort „Gnade" betrachten (auf Griechisch: *charis*). Es wird hauptsächlich von Paulus verwendet, sogar über hundert Mal. Er beschreibt es als Gottes, von uns unverdientes und unerbetenes, Wohlwollen zu uns. Jesus hat dieses Wort nicht benutzt, und Paulus erwähnte es im übertragenen Sinne, nicht als etwas, was aus sich selbst exis-tiert. Es gibt schlicht und ergreifend keine aktive göttliche Kraft außer dem Heiligen Geist. Aller Dank, alle Ehre für göttliches Wirken gebührt ihm, nicht irgendeiner anderen Kraft namens „Gnade". *„Es gibt keine Autorität, außer von Gott"* (Römer 13,1 HFA). Neben dem Heiligen Geist existieren keine unabhängigen göttlichen Mächte oder Ausstrahlungen. „Reich-Gottes-Macht", „Macht des Lobpreises", „Macht des Gebets" – wenn diese real sind, dann nur durch das Wirken des Heiligen Geistes. Maria wurde vom Engel Gabriel besucht und eine *„Begnadete"* genannt (Lukas 1,28), aber Gabriel sagte, sie werde Jesu Mutter durch die *„Kraft des Höchsten"* (Lukas 1,35) – nicht durch Gnade.

Gott tut nichts durch eine unpersönliche Kraft. Er drückt sich in der Realität des Geistes aus; wir wiederum können im Geist leben und die Verbindung des Geistes genießen. Dies steht durchgängig in der Heiligen Schrift. Christus selbst tat seine Wunder durch den Heiligen Geist, und das Buch der Apostelgeschichte lehrt uns völlige Abhängigkeit vom Heiligen Geist: *„Jesus von Nazareth, wie Gott ihn mit dem Heiligen Geist und Kraft gesalbt hat, der umherging und wohltat und alle heilte, die von dem Teufel überwältigt waren, denn Gott war mit ihm"* (Apostelgeschichte 10,38).

> Solange wir dem Heiligen Geist nicht Raum in unserer Lehre geben, leugnen wir den ganzen göttlichen Plan.

Jesus selbst sagte, dass er tat, was der Vater tat, und dies geschah durch den Heiligen Geist. Der Heilige Geist führt den Willen des Vaters auf das Wort des Sohnes hin durch. Der Sohn vollzieht den Willen des Vaters und der Geist vollzieht den Willen des Sohnes. Jesus sagte von sich, dass er nur tue, was auch der Vater tut (Johannes 5,19) – und zwar durch den Geist (Lukas 4,18f).

Es ist gewaltig: Was immer Gott tut, tut die gesamte Gottheit mit derselben Intensität. Alles, was Gott ist und repräsentiert, steht hinter unserer christlichen Erfahrung. Jesus errettet uns durch die Liebe des Vaters und den Geist. Jegliche Tat Gottes und Christi wird durch das Wirken des Heiligen Geistes in uns umgesetzt. Der Geist nimmt das Werk Christi, seinen Tod und seine Auferstehung, überträgt es und lässt es in jedem Christen wirksam werden. Durch den Heiligen Geist identifizieren wir uns mit Christus und er identifiziert sich mit uns in all seiner rettenden Herrlichkeit und Gnade. Der Geist in uns ist aktiv, nicht zurückgezogen. Er bleibt, hat seinen Wohnsitz bei uns, wirkt auf jeden menschlichen Bereich ein, sei es körperlich, geistlich oder seelisch. Er ist unsere Kraft zum Zeugnis, damit unser ganzes Sein die Wahrheit vermittelt, nicht nur durch Wunder, sondern durch ein geisterfülltes Leben. All das beginnt, wenn wir Jesus kennenlernen – was wiederum durch den Heiligen Geist möglich wird.

Der Heilige Geist ist Gottes Geschenk an uns, damit wir seine Arbeit in der Welt ausführen können. Einige denken nur in geistlichen oder himmlischen Dimensionen; ihr Evangelium hat keine physische oder wundertätige Seite. Oftmals beten Menschen, die glauben, dass Wunder nur für die Zeit der Apostel galten; dabei würde zur Antwort auf ihre Gebete ein Wunder gehören. Gott um Hilfe zu bitten, ist Teil der menschlichen Natur, selbst wenn man nicht an Wunder glaubt. Wir können uns nicht der Tatsache entziehen, dass das Evangelium Himmel und Erde umfasst.

Die Schrift sagt: *„Johannes tat ... kein Zeichen"* (Johannes 10,41), denn der Geist war noch nicht gegeben. Er selbst, Johannes der Täufer, verkündete, dass der kommende Eine mit Heiligem Geist und Feuer taufen werde (Lukas 3,16). Jesus kam – und erstaunte sogar Johannes mit mächtigen Zeichen und Wundern. Unser Evangelium ist nicht ein Evangelium Johannes des Täufers, ein Evangelium der Wassertaufe, sondern Christi Evangelium des Heiligen-Geist-Feuers.

Solange wir dem Heiligen Geist nicht Raum in unserer Lehre geben, leugnen wir den ganzen göttlichen Plan. Der Geist ist der Schöpfer aller Ordnung, des Himmels und der Erde, alles Sichtbaren und Unsichtbaren. Wer den Geist auf das Himmlische oder auf unsichtbare geistliche Wirkungen beschränkt, schließt ihn aus seiner eigenen Welt aus.

Von der Schöpfung an durch alle Zeiten hat Gott uns der aktiven Fürsorge des Heiligen Geistes unterstellt. Als unmittelbar präsenter Gott widmet sich dieser ganz den Erben des Heils und dem Ziel, dass unser Weg in der Welt zum ewigen Ruhm Gottes führt.

Der Heilige Geist ruht nicht nur

auf dem gesamten geistlichen Tempel,

sondern nimmt auch das Herz eines jeden Gläubigen ein.

Wir sind die Wohnung des Heiligen Geistes:

„Wenn aber jemand Christi Geist nicht hat,

der ist nicht sein."

KAPITEL 4

Die Taufe im Heiligen Geist

Teil 1

Die Bibel plagt sich nicht mit Problemen und Erklärungen. Sie durchschlägt den gordischen Knoten mit dem Schwert der Erfahrung.

Die Taufe im Heiligen Geist ist real. Im sakramentalen Akt mag ein Priester verkünden, dass der Anwärter den Heiligen Geist empfängt, aber das gleicht nicht dem Wind, dem Feuer und den Zungen von Apostelgeschichte 2!

Als die Pfingstler in Erscheinung traten, gab es viel Widerstand und eine neue Theorie: an Pfingsten sei die Gemeinde Jesu ein für allemal mit dem Heiligen Geist getauft worden. Diese „Tauftheorie" entsprach jedoch nicht der lebendigen Realität im Leben irgendjemands. Zu Zeiten der Bibel wurden die Jünger weiterhin mit dem Geist getauft – in Samaria, Ephesus, Cäsarea …

Die Taufe im Heiligen Geist ist ein Eintauchen in den Heiligen Geist. Wenn wir bedenken, dass der Geist die Triebkraft Gottes ist, sollte es doch bemerkbar sein, wenn wir in ihn eingetaucht sind! Es ist schon ungewöhnlicher Glaube (oder Leichtgläubigkeit) nötig, zu meinen, dass ein empfangener Segen keinerlei spürbare

Auswirkungen mit sich brächte. Aber genau diese Doktrin wird von vielen vertreten: Wenn man sich zu Christus bekehrt und errettet wird, sei damit alles geschehen und ein komplettes geistliches Paket für immer empfangen worden. Das Problem dabei ist nur, wie und warum jene dritte Person, **die** Dritte Person, die Szene betreten hat. An dieser Tatsache kann ja nicht gerüttelt werden, und unsere Theologie muss den Tatsachen gerecht werden.

Was geht da also vor sich?

Paulus sagt, dass unsere Körper Tempel des Heiligen Geistes sind. Eine biblische Illustration gibt uns hierzu die Weihe des Salomonischen Tempels. Der Bericht geht bis in die Details. Dieser prächtige Tempel war letztlich nichts anderes als ein Platz für die Steintafeln vom Sinai mit den Zehn Geboten. Sie wurden in der Bundeslade aufbewahrt. Diese Bundeslade befand sich in der inneren Kammer des Tempels, dem Allerheiligsten. Die Gesetzestafeln heiligten die Lade und die Lade wiederum heiligte den Tempel. Je näher etwas der Lade mit den Gesetzestafeln war, desto heiliger war es. Die Tatsache, dass sich die Tafeln in Jerusalem befanden, machte aus der Stadt die heilige Stadt und aus Kanaan das heilige Land.

> Die Taufe im Heiligen Geist ist ein Eintauchen in den Heiligen Geist.

Die Lade selbst hatte eine Deckplatte aus purem Gold, die als Gnadenthron bezeichnet wurde, und darüber zwei geflügelte Cherubim aus reinem Gold. Die Herrlichkeit Gottes (*Schekinah*) erschien an der Stelle zwischen den Cherubim. Im Allerheiligsten gab es keine Fenster, Kerzen oder Lampen. Es wurde von der Herrlichkeit Gottes erhellt.

Als der Tempel fertiggestellt war, sprach König Salomo ein Weihegebet. Dann geschah etwas: *„Da fuhr das Feuer vom Himmel [...] Und die Herrlichkeit des Herrn erfüllte das Haus. Und die Priester konnten nicht in das Haus des Herrn hineingehen, denn die Herrlichkeit des Herrn erfüllte das Haus"* (2. Chronik 7,1f). Diese Herrlichkeit hatte zuvor niemand als der Hohepriester gesehen, und nun war der gesamte Tempelbereich davon erfüllt.

Das war ein früher Vorgeschmack von Pfingsten. An jenem Tag, zehn Tage nachdem Jesus zum Vater aufgestiegen war, sandte er Feuer vom Himmel. Es erschien sichtbar auf den Jüngern (Apostelgeschichte 2,3). Von jenem Tag an ruht die Herrlichkeit Gottes auf der ganzen Gemeinde als dem Tempel, der Christi Leib ist.

Der Heilige Geist ruht nicht nur auf dem gesamten geistlichen Tempel, sondern nimmt auch das Herz eines jeden Gläubigen ein. Wir sind die Wohnung des Heiligen Geistes: *„Wenn aber jemand Christi Geist nicht hat, der ist nicht sein"* (Römer 8,9). Und wie beim Tempel die Herrlichkeit Gottes aus dem Allerheiligsten strömte, so füllt der Heilige Geist mit der Geistestaufe nicht nur die Wohnung des Herzens, sondern das gesamte Dasein der Gläubigen. Leiblich wie geistlich werden wir zu seiner Wohnung, und wie bei Salomos Tempel gibt es einen äußeren Beleg dessen, dass Gott eingezogen ist – er *„macht Wohnung"* bei uns (Johannes 14,23).

Die Lehre vom Heiligen Geist beruht jedoch nicht nur auf biblischen Vorboten, Schattenbildern oder logischen Schlussfolgerungen aus Texten, sondern auf einem klaren Versprechen in Gottes Wort: Gott tauft mit dem Geist! Dies ist kein symbolischer

Segen, sondern Realität. Es ist keine von Theologen erdachte Argumentation, sondern gesunde Glaubenslehre. Gott hat es versprochen und tut es. Er leitet uns in alle Wahrheit und durch die Bestätigung seines Wortes. Menschliche Spekulationen können Gottes Gedanken genauso wenig vorhersagen, wie man vorhersagen kann, in welcher Tonhöhe der Wind über die Alpen pfeift. Wahre Theologie ist eine Darlegung dessen, was Gott tut. Theologie ist wertlos, wenn sie nicht das menschliche Urbedürfnis anspricht – Gott, der uns aufsucht, rettet, segnet, heilt, zu Anbetern macht und unser Leben mit seiner Herrlichkeit erfüllt.

Teil 2

Die Taufe im Heiligen Geist ist das Kennzeichen Jesu. Johannes der Täufer war gesandt worden, den kommenden Einen anzukündigen; allerdings wusste niemand, von wem Johannes da sprach. Er musste ihn beschreiben, sonst konnten die Menschen ihn nicht erkennen: *„Dieser ist es, der mit Heiligem Geist tauft"* (Johannes 1,33). Sein Merkmal sollte die Geistestaufe sein. Niemand sonst besitzt diese Auszeichnung. Jesus allein tauft mit Heiligem Geist und Feuer. Kein anderer kann das. Es ist Gottes ureigenes Recht. Denn durch diese Taufe zieht nicht nur Kraft ein, sondern Gott selbst, der Heilige Geist. Ihn kann man nicht wie ein Produkt austeilen.

Der Täufer im Heiligen Geist – genau **das** ist Jesus. Diesen Christus hat die Gemeinde für immer zu verkündigen. Ein Jesus, der nicht mit dem Heiligen Geist und Feuer tauft, ist nicht wirklich der Jesus der Bibel. Niemand hat das Recht, einen andern als den biblischen Christus zu predigen, der mit dem Heiligen Geist tauft, und *„derselbe gestern und heute und in Ewigkeit"* bleibt (Hebräer 13,8). Er ist der Gott der Treue – sich selbst, uns und seinen Verheißungen immer treu.

In unseren Tagen erfahren Menschen dieses Wunderbare, mit allen biblischen Kennzeichen, wie sie Jesus versprochen hat. Dies lässt sich nur so erklären, dass er sein Wort hält und mit dem Heiligen Geist tauft. Kein Gegenargument hält dem stand. Es geschieht.

> Wahre Theologie ist eine Darlegung dessen, was Gott tut. Theologie ist wertlos, wenn sie nicht das menschliche Urbedürfnis anspricht – Gott, der uns aufsucht, rettet, segnet, heilt, zu Anbetern macht und unser Leben mit seiner Herrlichkeit erfüllt.

Allerdings kann die Verkündigung von Christus, der mit dem Geist tauft, auch nur akademisch bleiben, eine bloße Wiederholung von etwas Gelerntem. Richtig ist, das zu predigen, was man erfahren hat. Von Jesus Zeugnis zu geben, war nie nur verbal gemeint. Wir selbst sind Zeugen, Beglaubigungen für Jesus, indem wir sagen: „Er hat **mich** errettet, **mich** getauft und **mich** geheilt! Er ist bei **mir**." Als die Apostel vor die arrogante Obrigkeit gezerrt wurden, wurde an ihnen das Merkmal des Heiligen Geistes sichtbar. Ihr unerschütterliches Zeugnis und Vertrauen sorgten für Erstaunen. Der Geist ist nicht nur eine Gefühlswallung in den Seelen der Gläubigen, sondern äußert sich auch durch Körpersprache – in der Persönlichkeit, im Verhalten, der Stimme, den Augen, in der Frucht des Geistes, in Einstellungen, die Menschen bei sich nie für möglich gehalten hätten. Dagegen ist das aufgesetzte Gehabe eines Möchtegern-Heiligen nur abstoßend.

Teil 3

Grundlage für ein richtiges Verständnis der Taufe im Heiligen Geist ist die Auferstehung Jesu. Anfangs glaubten die Jünger nicht, dass er auferstanden war; ein bestatteter Körper konnte doch nicht einfach auftauchen, durch die Gegend laufen und mit Menschen sprechen. Zwar behaupteten ein paar Frauen hartnäckig, dass sie ihn gesehen hätten, aber für die Männer machte das keinen Sinn. Frauen wurden damals nicht sehr geschätzt, und Jesus rügte die Jünger, dass sie diese gängige Haltung angenommen und ihnen nicht geglaubt hatten.

Man hat oft darauf hingewiesen, dass die Jünger kühne und strahlende Zeugen wurden, als sie den vom Tode auferstandenen Herrn sahen. Natürlich stimmt es, dass sie ohne Jesu Auferstehung überhaupt kein Zeugnis gegeben hätten. Aber zunächst waren sie ungläubig und alles andere als feurig! Die Machthaber hatten Jesus festgenommen und hingerichtet und konnten durchaus auf die Idee kommen, auch seine Anhänger zu verfolgen. Also versteckten sich die Jünger in einem abgeschlossenen Raum. Plötzlich trat Jesus hinzu, doch selbst da trauten einige dem nicht, was ihre eigenen Augen sahen. Das ist verständlich. In der gesamten Menschheitsgeschichte war so etwas noch nie vorgekommen. Es widersprach jedem Erfahrungswert. Aus Angst zogen sich die Jünger aus dem Blickfeld zurück und verhielten sich fast sechs Wochen lang ruhig, wie die Apostelgeschichte berichtet.

Natürlich wissen wir, dass die Jünger mutige und mächtige Zeugen wurden. Wenn es nicht das Wissen um Jesu Auferstehung war, was bewirkte dann diese Veränderung in ihnen? Irgendetwas muss es offensichtlich gewesen sein! Dieses Etwas war von Gott schon verheißen worden, aber es war alles andere als ein Etwas, es war ein Jemand – der Heilige Geist. Er gab ihnen Gewissheit. Er taufte sie mit Feuer, setzte ihre Christuserkenntnis in Flammen.

Genau deshalb hatte Jesus ihnen befohlen zu warten, ehe sie die Welt mit dem Evangelium konfrontierten. Sie sollten nicht ausziehen, um Vorträge über das Phänomen der Auferstehung zu halten und Menschen mit kalten Fakten davon zu überzeugen, dass sie geschehen war. Die Behauptung, dass Tote auferstehen, war sehr fragwürdig, und man würde sie anfechten. Die Zuhörer würden diskutieren, ihren Unglauben verteidigen; und selbst wenn sie den Aposteln Glauben schenkten, würden sie das Geschehen als interessanten Mythos, als eines jener seltsamen Dinge abtun, die in unserem Leben nun einmal passieren.

Allerdings waren die Apostel Zeugen und keine Polemiker. Nein, sie hatten nicht gesehen, wie Jesus von den Toten auferstanden war, aber sie hatten etwas Besseres als sichtbare Beweise. Die Botschaft war lebendig, Leben verändernd und Leben spendend. Nur nebenbei und kühl vorgetragen, mit einer „Glaub-es-wenn-du-willst-Haltung", war sie leer und würde nichts ausrichten. Sie musste als herrliche und lebenswichtige Tatsache von leidenschaftlichen Menschen gepredigt werden, nicht emotionslos, sondern von Zeugen, die elektrisiert waren von dem, was sie verkündeten, und äußerst lebendige Beispiele dessen, was sie predigten.

> Mit keinem Wort deutet das Neue Testament an, dass wir das, was die Apostel hatten, nicht brauchen oder dass es nur für sie bestimmt war.

Jesus hatte ihnen befohlen: „*Geht nicht weg von Jerusalem, sondern wartet auf die Verheißung des Vaters, die ihr von mir vernommen habt … Ihr werdet schon in wenigen Tagen mit dem Heiligen Geist getauft … Ihr werdet die Kraft des Heiligen Geistes empfangen, der auf euch herabkommen wird; und ihr werdet meine Zeugen sein …*" (Apostelgeschichte 1,4f,8 EÜ). Jesus machte viel Aufhebens um diesen Jemand, den Heiligen Geist. Dessen Kommen und Wirken stellte er als außerordentlich wichtig dar und nannte ihn den „*anderen Beistand*", einen, wie er selbst war. Jesus bläute seinen Jüngern sozusagen ein, auf seine Worte zu achten, dass er sie nur deshalb verließ, damit dieser Jemand kommen konnte. So überaus wichtig ist das Kommen des Heiligen Geistes zu werten.

Der Geist des Herrn hatte die Aufgabe, die Jünger zu formen, sie in brennende Fackeln zu verwandeln. Er war und ist der Schlüssel zum wirkungsvollen Zeugnis. Jesus sagte: „*Getrennt von mir könnt ihr nichts tun*" (Johannes 15,5). Wir müssen im Weinstock bleiben und unser Leben aus ihm beziehen. Leben aus dem Geist ist das Geheimnis neuer Jünger. Ohne den Heiligen Geist können wir sehr viel tun, doch nichts von Bestand.

Jesus hatte gesagt, die Jünger würden den Heiligen Geist wenige Tage später empfangen. Und es geschah, wie er gesagt hatte, gut fünfzig Tage nach seiner Kreuzigung, am Pfingstfest (auch Wochenfest genannt). Im Tempel feierte man gerade die Gerstenernte und schwenkte Garben vor Gottes Altar hin und her. Dies war der festgelegte Tag: Der Himmel berührte die Erde, und Gott, der Heilige Geist vom Himmel, begann sein Wirken hier auf der Erde. Heilsgeschichtlich begann eine neue Ära – das Zeitalter des Heiligen Geistes.

Von jenem Pfingsttag an verkündigten sie *„das Evangelium …
im Heiligen Geist, der vom Himmel gesandt ist"* (1. Petrus 1,12).
Sein Einzug in diese Welt war genauso durchgreifend, wie wenn
Jesus vom Himmel gekommen wäre. *„Das Wort wurde Fleisch"*
(Johannes 1,14) – das war Jesu Eintritt in die Welt durch die Tür von
Bethlehem. Er bekleidete sich mit einem menschlichen Körper. Auf
ähnliche Art nahm der Heilige Geist Wohnung in den Jüngern. Die
Welt konnte ihn nicht empfangen, aber Hunderte liebten Jesus, und
120 von ihnen wurden zu den ersten geisterfüllten Menschen der
Erde – Männer, Frauen, Apostel und Jünger. Sie saßen ganz einfach
beisammen; sie standen nicht, knieten nicht, beteten nicht, sondern
warteten schlicht und einfach, wie Jesus es ihnen befohlen hatte:
*„Geht nicht weg von Jerusalem, sondern wartet auf die Verheißung
des Vaters …!"* (Apostelgeschichte 1,4 EÜ). Christus stieg in den
Himmel auf und bat den Vater, seine Gabe, den Heiligen Geist, zu
senden – und innerhalb von zehn Tagen war er da.

Dieser Tag war einer der rot markier-
ten Tage in Gottes Kalender. Wie eine
Flutwelle kam sein Geist und erfasste die
versammelte Gesellschaft – er, dieselbe
ewige Person, durch deren Macht die
entferntesten Gestade des Universums
geformt worden waren! Fleisch und
Blut wurden zu seiner Wohnstätte.

> Wie der Stoff die
> Eigenschaft der
> Substanz annimmt,
> in die er getaucht wurde,
> nehmen Gläubige die
> Natur des Elements an,
> in das sie getauft
> werden:
> feurige Gottähnlichkeit
> durch den Heiligen Geist.

Der Geist kam nicht leise. Er kündigte
sein Eintreffen durch die 120 an, äußerte sich durch die versammelten Gläubigen in Zungenrede und Prophetie. Für die Jünger
und Apostel war es der größte Tag.

Der Heilige Geist ist der Geist der Liebe von Vater und Sohn: *„Die Liebe Gottes ist ausgegossen in unsere Herzen durch den Heiligen Geist, der uns gegeben worden ist"* (Römer 5,5). Diese Liebe begann die Gläubigen zu bewegen und durch sie zu handeln. Sie wurden zu dem, was der Geist aus ihnen machte.

Dieses Ereignis ist unser Muster: Gläubige, die Christus schon vertrauen, können den Geist auf jene tiefere und dynamischere Weise kennenlernen. Unsere Vorbild-Christen sind die Apostel – wer sonst? Noch zu biblischen Zeiten machten andere Menschen die gleiche Erfahrung. Das erkannte auch Petrus: Gott gab *„ihnen die gleiche Gabe ... wie auch uns, die wir an den Herrn Jesus Christus geglaubt haben"* (Apostelgeschichte 11,17). Diese Taufe war etwas für sie als Einzelne, nicht für die Gemeinde als Ganzes. Andere Menschen, wie etwa Kornelius und sein Haus, empfingen den Geist für sich persönlich. Mit keinem Wort deutet das Neue Testament an, dass wir das, was die Apostel hatten, nicht brauchen oder dass es nur für sie bestimmt war. Ganz im Gegenteil, Petrus' Botschaft war klar und eindeutig: *„Ihr werdet die Gabe des Heiligen Geistes empfangen. Denn euch gilt die Verheißung und euren Kindern und allen, die in der Ferne sind, so viele der Herr, unser Gott, hinzurufen wird"* (Apostelgeschichte 2,38f).

Wenn die Jünger es nötig hatten, so ausgestattet zu werden, um das Evangelium mit dem Heiligen Geist und der Bestätigung des Allmächtigen zu predigen, sind wir etwa besser als sie und fähig, Gottes Werk ohne die Bevollmächtigung fortzuführen, die sie bekamen? Ganz sicher brauchen wir alles, was Gott uns geben kann – und die Welt braucht Menschen, die entsprechend ausgerüstet sind.

Teil 4

Jahrhundertelang sahen Menschen die Notwendigkeit einer solchen Erfüllung von Gott, dachten aber, sie stünde nicht mehr zur Verfügung. Erst wieder in jüngerer Zeit hat man entdeckt, dass es sich um ein Geburtsrecht aller Gläubigen handelt. Mehr als eine halbe Milliarde Menschen weiß heute um die Geisterfüllung, und Millionen nutzen ihre Kraft.

Die durch Johannes gegebene Verheißung ist eine Taufe mit Heiligem Geist und mit Feuer. Das griechische Wort *baptízo*, heute ein religiöser Ausdruck, bedeutete ursprünglich „eintauchen". Von Johannes dem Täufer wurden Menschen in den Jordan „hineingetaucht". Mit diesem Wort beschrieb man, wie Stoff in Farbe getaucht wird – der Stoff in die Farbe und die Farbe dringt in die Stofffasern ein. Das ist ein Sinnbild: Der Gläubige ist im Geist und der Geist im Gläubigen. Wie der Stoff die Eigenschaft der Substanz annimmt, in die er getaucht wurde, nehmen Gläubige die Natur des Elements an, in das sie getauft werden: feurige Gottähnlichkeit durch den Heiligen Geist.

So verblüffend es klingt – Jesus verließ diese Welt eigentlich, damit der Heilige Geist kommen konnte. *„Wenn ich nicht weggehe, wird der Beistand nicht zu euch kommen"* (Johannes 16,7). Dessen Eintreffen bei uns ist geheimnisvoll, aber wahr.

Wenn Gott wirkt, haben Menschen natürlich viele Fragen: Ist die Geistestaufe ein „zweiter Segen" nach der Wiedergeburt? Geschah die Taufe am Pfingsttag ein für alle Mal? Wurden die Apostel stellvertretend für die gesamte Gemeinde aller Zeiten getauft? Gibt es eine einzige Taufe und viele Füllungen?

Mit solcherlei Fragen werden wir uns an einer anderen Stelle dieses Buches (z. B. in Kapitel 12) noch einmal beschäftigen. Eins jedoch sollten wir wissen: Wie sachkundig wir auch sein mögen, Gottes Werke übersteigen so oft unser Denkvermögen und die Fähigkeit, sie in handliche Rubriken zu packen. Unsere Unfähigkeit, Ereignisse zu verstehen oder zu beschreiben, bedeutet aber nicht, dass Gottes Tun weniger wahr wäre. Gott übersteigt unsere Vernunft. Das gilt für die Taufe im Heiligen Geist ebenso wie für die Versöhnung – Theorien dazu gibt es genug. Tatsache ist, dass sich Jesus in Tiefen stürzte, die kein Mensch je ergründen kann. Unser Verstand erfasst nicht, wie der Vater durch den Tod seines Sohnes, den wir töteten, mit uns versöhnt wurde. Wir wissen nur, dass etwas geschehen ist, was unsere Rettung verbrieft. So auch hier: Jesus tauft mit dem Heiligen Geist, und wir bekommen wirklich Kraft, wenn der Heilige Geist auf uns kommt. Es ist sein Werk, wir sind seine Mitarbeiter. Mit seinem Wort können wir gehen und wissen, dass Gott uns nie im Stich lässt (siehe Apostelgeschichte 1,8).

Nach Jesu Auferstehung brauchten die Jünger, die sich zitternd vor dem versteckten, was ihnen widerfahren könnte, genau diese Taufe und Ausstattung mit Kraft – wir brauchen sie ebenfalls. Und Gott wird uns geben, was wir benötigen: „*Gott aber wird alles, wessen ihr bedürft, erfüllen nach seinem Reichtum in Herrlichkeit in Christus Jesus*" (Philipper 4,19). Keine Veränderung in der Welt macht die Kraft des Geistes überflüssig. Wir haben keine Alternative zur Kraft des Geistes, weder Methoden noch Pläne, Programme oder Vorgehensweisen. Der Geist muss die Arbeit tun. Die Welt muss immer noch gerettet, immer noch überzeugt werden, und das ist ohne den Heiligen Geist nicht möglich.

Der Heilige Geist ist kein feierliches Fluidum in alten religiösen Gemäuern. Wenn sich der Heilige Geist manifestiert, dann durch Menschen, geisterfüllte Menschen. Die Botschaft an Gläubige lautet: *„Seid erfüllt Werdende!"* (Epheser 5,18 übersetzt nach KJ). Wenn wir ohne Geistesfülle leben könnten, müssten wir nicht aufgefordert werden, uns erfüllen zu lassen.

Jesus hat gesagt, wir sollten bitten, suchen und anklopfen, denn Gott gibt den Geist Menschen, die bitten (Lukas 11,9-13). Damit meint er kein beiläufiges Bitten, sondern ständig für Gott offen zu sein – als Bittende, Suchende, Anklopfende. Gott wird jene bestätigen, die für den Segen bereit sind. Er hat uns sein Wort gegeben und wir müssen die Verheißung ergreifen.

„Seid erfüllt Werdende …": Prediger erklären häufig, dass das Griechische hier „erfüllt werden" bedeutet, missverstehen es aber trotzdem. Es meint gewiss nicht, von Zeit zu Zeit neue Auffüllungen zu suchen, sondern das genaue Gegenteil.[4] Das griechische Verb beschreibt hier ein dauerndes Gefülltwerden. Einmal empfangen, bleibt der Heilige Geist in uns; er verflüchtigt sich nicht und muss auch nicht nachgefüllt oder erneuert werden. Es handelt sich um einen fortgesetzten Zustand, vergleichbar mit dem Stehen in einem fließenden Strom. In der Apostelgeschichte wurden gute Männer danach ausgewählt, dass sie Personen voll Heiligen Geistes waren.

> Die ersten Gläubigen, die den Heiligen Geist empfingen, sind das Urmuster. Sie waren das, was Christen ausmacht. Um zu sein, was sie waren, benötigen wir denselben Geist.

Um erfüllt zu werden, tun wir das, was Jesus sagte – wir bitten. Damit ist keine lockere Anfrage gemeint; Bitten, Klopfen, Suchen ist ein Lebensstil. Der Heilige Geist kommt auf eigenen Wunsch zu denen, die bereit sind. Wir bekommen den Heiligen Geist nicht wie einen Schokoriegel aus dem Automaten, einfach so per Knopfdruck. Andererseits möchte er auch nicht, dass wir ewig bitten, immer suchen und doch nie finden. *„Der Suchende findet"* (Lukas 11,10) und weiß, wann er gefunden hat, was er suchte. Die Geistestaufe empfängt man durch Glauben – und bestätigt wird sie durch darauf folgende Zeichen.

Die Apostel wussten, dass jene Italier in Cäsarea den Heiligen Geist empfangen hatten, weil sie sie in Zungen reden hörten. Der Herr will uns dieses sichere Zeichen schenken. Christsein erfordert Glauben, aber es reagiert auch auf Glauben. Verheißungen gleichen dem *„Pflock einschlagen an einen festen Ort"* (Jesaja 22,23). Die ersten Gläubigen, die den Heiligen Geist empfingen, sind jener „feste Ort", das Urmuster. Sie waren das, was Christen ausmacht. Um zu sein, was sie waren, benötigen wir denselben Geist.

Teil 5

Reden alle, die den Heiligen Geist empfangen, in Zungen? Die generelle Antwort darauf ist ein klares „Ja" – oder wäre es, wenn alles in dieser Welt perfekt wäre. Gott unterliegt keinen Regeln. Er tut, was er tun kann – abhängig von unserem Glauben. Die Aussage, Menschen könnten mit dem Heiligen Geist getauft werden, ohne in Zungen zu reden, entspricht nicht dem Neuen Testament, denn dort sehen wir jedes Mal recht deutlich, dass sie alle in Zungen sprachen. Wenn Menschen Ängste vor dem Zungenreden hegen, verwirrende Lehren hörten oder einen anderen, vielleicht unbewussten Grund haben, kann der Geist gedämpft und daran gehindert werden, alles zu tun, was er normalerweise tun würde, nämlich auch sichtbare Zeichen zu geben. Manche haben Glauben, um den Heiligen Geist zu empfangen, nicht aber das Zungenreden, und sie bekommen nach ihrem Glauben. Allerdings, wie können sie ohne das Zeichen der Zungensprache sicher sein, dass sie vom Geist erfüllt wurden?

> Der Geist wird nicht nach menschlichem Willen gegeben, sondern durch Gottes souveränes Handeln.

Wenn wir in die gottlose Welt gehen und uns ihren Herausforderungen stellen sollen, ist es überaus wichtig zu **wissen**, dass wir mit dem Geist getauft sind und dass er mit uns ist. So können wir es wagen loszugehen und wissen, er ist mit uns. Die Jünger hatten diese Gewissheit – schaffen wir es ohne? Sie wussten um die Begleitung des Geistes, deshalb gingen sie. *„Sie aber zogen aus und predigten überall. Und der Herr wirkte mit und bekräftigte das Wort durch die mitfolgenden Zeichen"* (Markus 16,20 KJ). Der Dienst im Heiligen Geist wird durch Zeichen bestätigt – wenn wir glauben.

Oft ist folgender Einwand vorgebracht worden: Wenn man den Geist mit dem Zeichen der Zungenrede sucht, die Gabe aber lange Zeit nicht empfängt, kann man sich entmutigt fühlen und fragen, ob Gott einen wirklich hört. Wirklich? Sollte man also den Geist ohne Zungenrede suchen? Inwiefern wird das helfen? Auf welche andere Weise sollen die Suchenden wissen, dass Gott sie erhört?

Ihr „Problem" mit der Zungenrede wird nicht dadurch gelöst, dass sie nicht an die Zungenrede glauben.

Das Sprechen in Zungen kommt nicht durch Ausprobieren. Man lernt nicht, wie man in Zungen redet. Es gibt dafür keine Technik oder Methode und auch keinen Dienst. Der Geist wird nicht nach menschlichem Willen gegeben, sondern durch Gottes souveränes Handeln. Die Gabe ist kein Talent, sondern Gott am Werk, nicht Kraft oder Feuer, sondern der Geist selbst. Er ist zu Ehrfurcht gebietend, um lässig und selbstsicher wie Plastikgeschirr verteilt zu werden. Es stimmt aber auch, dass wir einander mit Gebet und Handauflegen helfen können, wie es die Apostel in Samaria taten und Paulus in Ephesus. Innerlich sollten wir demütig und vorbereitet sein. Das ist die Petruslektion im Haus von Kornelius – während er noch sprach, fiel der Heilige Geist auf alle Anwesenden.

Bei unseren Evangelisationsveranstaltungen beten wir immer, dass alle mit dem Heiligen Geist getauft werden. Diesen Auftrag gab uns Gott schon am Anfang unseres Dienstes. Der Heilige Geist bewegt jetzt ganze Nationen. Wir sind Zeugen der mächtigsten Erweckung aller Zeiten. Millionen Menschen, die unter begleitenden Zeichen geistgetauft wurden, ziehen zuversichtlich und in dem Wissen aus, dass Gott sie als Instrumente seiner Liebe und Macht gebrauchen wird. Das ist die Kraft, auf die die Gläubigen des letzten Jahrhunderts setzten, die Kraft, die sie dazu befähigte, die ganze Welt zu evangelisieren.

Ein Wunder

ist nicht der höchste Ausdruck

von Gottes Gegenwart und auch nicht

der wahre Sinn unserer Suche nach Gott.

Das Christentum ist Christus!

Wir dienen unserem Herrn Jesus

durch den Heiligen Geist.

KAPITEL 5

Zeiten der Erquickung

Zeiten der Erquickung kommen vom Angesicht des Herrn.
Apostelgeschichte 3,20

Gott sorgt für Fortschritt, indem er erquickende Zeiten einleitet. Dieser Fortschritt erfolgt durch plötzliche Sprünge, nicht im Schritttempo. Solch ein erster gewaltiger Sprung vorwärts geschah durch Mose – 1.500 Jahre vor Christus. Die Welt erfuhr etwas vom Charakter des lebendigen Gottes – eine göttliche Selbstoffenbarung ersten Ranges. Es war keine bloße Information, sondern rettende Erkenntnis. Der nächste bemerkenswerte Fortschritt kam erst eintausend Jahre später, mit dem Aufschwung des griechischen Denkens. Der größte Fortschritt von allen war das Christentum. Es folgten viele weitere Veränderungen, wie z. B. die Renaissance, die Reformation, die industrielle Revolution und das Zeitalter der Wissenschaften. Doch die allem zugrunde liegende Veränderung ist die Wahrheit von Jesus Christus.

Das christliche Zeitalter umfasst verschiedene Epochen. Dieses Buch behandelt ein neues Phänomen in der Geschichte des Christentums, die pfingstlich-charismatische und Erneuerungsbewegung sowie die „Wiederentdeckung des Heiligen Geistes". Millionen Gläubige haben nun ein neues Verständnis der biblischen Verheißungen. Diese weltweite Erweckung begann am ersten Tag des 20. Jahrhunderts in einem entlegenen Winkel der Erde (wie einst die Obersaalversammlung am ersten Pfingsttag). In ihr geht es vor allem um eine persönliche Glaubensvertiefung mit erweiterten Denkweisen und Anbetungsformen. Fast alle Gemeinden auf der ganzen Welt wurden davon beeinflusst. Die Geistgetauften können die himmlischen Absichten dieses Aufbruchs erfassen.

Die Gläubigen des 19. Jahrhunderts beteten für eine weltweite Erweckung – und wurden erhört. Diese Erneuerungsbewegung ist schon die „weltweite Erweckung". Der Begriff „Erweckung" ist kein biblischer Ausdruck, sondern wurde gewählt, um solch ein geistliches Ereignis zu beschreiben. Das Christentum selbst ist Erweckung! Manchmal bezeichnen wir bestimmte Vorgänge als „Erweckung" und fragen hinterher, was Erweckung eigentlich ist. Offenbar ist es nur etwas, was wir so nennen; Gott selbst spricht nicht davon.

Erweckung wird oft als „außergewöhnliches Wirken Gottes" bezeichnet. Das mag aus unserem menschlichen Blickwinkel zutreffen – aber ist es richtig zu denken, Gott unternehme von Zeit zu Zeit besondere Anstrengungen? Verträgt sich das mit Gottes Selbstaussage, dass er sich nie verändert? Er handelt nie halbherzig, sondern immer unter Einsatz all seiner Größe. Wie die Sonne mittags im Zenit, so ist Gott immer auf dem Höhepunkt, ohne eines „*Wechsels Schatten*", wie wir in Jakobus 1,17 lesen; er ist immer voll und ganz er selbst, gänzlich hingegeben. Da Gott unveränderlich ist, kennt seine Macht keine Grade wie beim menschlichen „gut, besser, am besten". Hinter allem Tun steht all sein Wesen – Vollkommenheit und Allmacht.

Wenn die Gläubigen aus dem 19. Jahrhundert, also unsere Urgroßeltern, das heutige christliche Leben betrachten könnten, wären sie angetan, wie stark der Heilige Geist betont wird und christliche Werte sich an ihm aus-richten. Dies hat Folgen: Jesus steht klarer im Brennpunkt, persönlich und als Freund im Alltag. Geistgesalbte Anbetung brachte neue Anbetungsstile hervor und neue Liedarten, in einer Fülle wie vor einhundert Jahren mit Texten wie: „O, gebt Jesus Ehre, o, gebt Jesus Ehre, der uns mit seinem Blut erkauft / der uns mit Geist und Feuer tauft ..., o, gebt dem Heiland Ehre!"[5] Die Erneuerung im Heiligen Geist wurde denn auch als „Jesus-Religion" bezeichnet. Ein verzerrtes Verständnis des Heiligen Geistes verzerrt auch das Verständnis von Jesus Christus, denn allein der Geist offenbart ihn uns.

> Da Gott unveränderlich ist, kennt seine Macht keine Grade wie beim menschlichen „gut, besser, am besten". Hinter allem Tun steht all sein Wesen – Vollkommenheit und Allmacht.

Jesus sagte: *„Wenn der Beistand gekommen ist, den ich euch von dem Vater senden werde, so wird der von mir zeugen"* (Johannes 15,26) und: *„Er wird mich verherrlichen, denn von dem Meinen wird er nehmen und euch verkündigen"* (Johannes 16,14). Der christ-liche Glaube ist mehr als ein übernatürlicher Glaube. Mächtige Geistesbestätigungen sind nur die äußeren Zeichen. Das größte Werk, das Gott vollbrachte oder je vollbringen wird, war, seinen Sohn für unsere Erlösung zu geben. Diese gewaltige Tat sollte unsere Gedanken vor allem andern erfüllen. Solch eine Antwort berührt Gott mehr als irgendetwas sonst. Ein Wunder ist nicht der höchste Ausdruck von Gottes Gegenwart und auch nicht der wahre

Sinn unserer Suche nach Gott. Das Christentum ist Christus! Wir dienen unserem Herrn Jesus durch den Heiligen Geist.

Die am Pfingsttag versammelten 120 Jünger empfingen den Heiligen Geist. Wir erfahren nicht, welche Bedeutung dies für ihr gesamtes Leben hatte. Dafür ist die Bibel zu klein. Aber das, was es generell bewirkte, kann schon an der Tatsache abgelesen werden, dass sie es schafften, in dieser schrecklichen Welt vor 2.000 Jahren ihre einzigartige Mission zu erfüllen. Ihre Frucht sind auch wir: Bekehrte durch Petrus, Jakobus, Johannes, Maria und ihre christlichen Schwestern. Sie waren gewöhnliche Menschen, außergewöhnlich gemacht durch die Erfahrung von Apostelgeschichte 2. Dies ist Gottes Versprechen auch für uns heute.

> Gott wirkt in diesem Leben ausschließlich durch Menschen. Ein gläubiges Herz, ein planender Verstand und arbeitswillige Hände ziehen die Kraft des Heiligen Geistes an.

Ein Gefühl der Enttäuschung gibt es höchstens bei der Frage, warum die gegenwärtige Geistesbewegung erst so spät in der Gemeindegeschichte eingetreten ist. Gott ist allmächtig, aber … er tut, was er kann, wann er kann, und kann nicht immer tun, was er möchte und wann er möchte; denn damit würde er den freien Willen abschaffen, den er uns gegeben hat. Zwei auslösende Elemente sind nötig – zum einen das verkündigte Wort Gottes oder Glaubenszeugnis sowie das Gebet, zum andern die Reaktion der Zuhörer.

Gott wirkt in diesem Leben ausschließlich durch Menschen. Ein gläubiges Herz, ein planender Verstand und arbeitswillige Hände ziehen die Kraft des Heiligen Geistes an. Im Leben von Menschen mit solchem Kaliber herrscht keine Leere. Gott mangelt es an solchen Personen. Wenn wir dem Herrn dienen wollen, will auch der Herr, dass wir ihm dienen, und hat Aufgaben für uns. Dies ist das größte Vorrecht und höchste Ziel eines Lebens.

Wie kann eine

Position ausdrucksloser Stille

eine Empfehlung für Gott sein?

Er ist der Gott des Feuers, kein Eisberg.

Wenn wir keine Lebenszeichen von uns geben,

wer sollte dann vermuten,

dass Gott in uns oder

unter uns ist?

KAPITEL 6

Feuer und Leidenschaft
im Heiligen Geist

„Das Schweigen Gottes" ist ein beliebtes Thema, aber es stellt Gott falsch dar. Christi Name „Das Wort" zeugt nicht wirklich von einem stillen Gott. An Pfingsten sprach der Heilige Geist durch 120 Kehlen. Er kam mit dem Tosen eines Wirbelsturms und inspirierte den schallenden Lobpreis von 120 Männern und Frauen, die in Zungen redeten. Sie sprachen, aber er gab ihnen die Artikulation – einen direkten Widerhall göttlicher Lautstärke. Wir lesen, dass eine große Menge davon angezogen wurde. Gott trat aus der Verborgenheit seiner Macht und offenbarte sich. Es gab Bewegung und Aufregung.

Gott ist nicht stumm. Der biblische Psalmist hebt diesen Punkt besonders hervor und macht sich über das Heidentum lustig, denn dessen Götter *„haben einen Mund und reden nicht"* (Psalm 115,5 EÜ). Im 1. Korintherbrief zeigt Paulus den Kontrast zwischen *„stummen Götzenbildern"* und den sprachlichen Geistesgaben wie Zungenrede, Prophetie, Auslegung, Wort der Erkenntnis und Wort der Weisheit (1. Korinther 12,2ff.). Diese Ausdrucksformen sind Geschenke Gottes – typisch für einen Gott, der spricht. Sie sind wunderbar und völlig erhaben über jede menschliche Erfindung. Niemand hat Gott auf diese Idee gebracht. Diese einzigartigen „Gaben" drücken sein Wesen aus. In der Bibel findet sich schwerlich auch nur ein Satz, der eine Lehre vom stummen

Gott ermöglicht. So etwas entspräche ganz und gar nicht dem biblischen Gottesbild. Menschen riefen Gott an, weil sie ihn so kannten – als einen Gott, den man hören kann. Der Gedanke an einen schweigenden Himmel ist Furcht erregend: *„Denn wolltest du schweigen, würde ich denen gleich, die längst begraben sind"*, schrie der Psalmist (Psalm 28,1 EÜ).

Gott redet, weil er reden möchte, und nicht, weil wir ihn dazu drängen. Es entspringt seinem Wesen. Er will sich verständlich machen. Dabei flüstert er nicht, zumindest nicht in gewissen Schlüsselmomenten. Als er seinen Willen am Berg Sinai bekannt gab, glich seine Stimme einer Trompete, und der Berg erbebte in seinen Grundfesten. Das Volk Israel bat Mose: *„Rede du mit uns, dann wollen wir hören! Aber Gott soll nicht mit uns reden, damit wir nicht sterben"* (2. Mose 20,19). In einem alten Kirchenlied heißt es: „Achte auf das Flüstern Jesu!" Aber von Jesus lesen wir eher, dass er sehr laut sprach, die stürmische See stillte, üble Geister austrieb, Lazarus zum Leben erweckte und zu Tausenden von Menschen predigte. Selbst am Kreuz, im Augenblick seines Todes, schrie er *„mit lauter Stimme"* und gab den Geist auf (Matthäus 27,50).

Gott ist positiv und herzlich (um es mit menschlichen Worten auszudrücken), und seine Worte sind dynamisch und pulsierend. Alles, was mit Gott zu tun hat, ist lebendig. Das Universum ist Gottes Ausrufezeichen, das gesetzt wurde, als er das Wort sprach. Die gesamte Natur, der Globus, auf dem sich Millionen von Lebensformen tummeln, ist sein Kunstwerk. Gottes Wesen ist Liebe – starke und glühende Liebe, die durch die Pracht der Schöpfung und die Passion Christi am Kreuz zum Ausdruck kommt.

Dem Gott der Bibel wird nicht in gedämpfter Tonlage gedient. Sprachlose Stille und reglose Ruhe passen nicht zu dem Jesus, der mit dem Heiligen Geist und Feuer tauft und seine Jünger an die Worte erinnerte: *„Der Eifer um dein Haus verzehrt mich!"* (Johannes 2,17). Anbetung, wie sie uns in der Bibel beschrieben wird, ist nicht von zaghafter Ehrfurcht geprägt. Schon das Wort selbst drückt Leidenschaft aus: Man fällt vor Verehrung auf sein Angesicht, macht Musik, singt, spielt, jubelt …

> Der Verlust an wahrem Glauben drückt unser Temperament und dämpft den Funken. Der Mensch voll Heiligen Geistes hat eine charismatische Glut.

Wir müssten geradezu erstaunt sein, wenn dieser Gott der leidenschaftlichen Liebe über seine Gläubigen käme und sie blieben regungslos. Das Zungenreden ist eine zu erwartende Reaktion auf diese Begegnung! Nirgendwo in der Bibel finden wir Anbeter, die sich nur zur stillen Meditation versammeln – etwa in der Art von Quäkern oder Buddhisten. In einer Versammlung der ersten Gemeinde *„erhoben alle gemeinsam ihre Stimme und beteten"* (Apostelgeschichte 4,24 NL). Sie benutzen immer ihre Stimmen. Gebet war normalerweise nicht leise. Als einmal eine Frau still für sich betete und immer nur ihre Lippen bewegte, dachte der Hohepriester, sie sei betrunken (1. Samuel 1,13f). In der Geschichte des Christentums war die eher stille Gebetsform jahrhundertelang nicht üblich.

Mit diesem mächtigen Zeugnis leidenschaftlicher Anbetung und göttlicher Qualität ist Zungenrede wohl kaum unangebracht!

Ein Aspekt scheint mir an dieser Stelle wichtig: Die menschliche Natur ist nicht leidenschaftslos! Die moderne Zivilisation zähmt uns allerdings, sperrt uns ein und verbietet es, laut zu werden. Sie erzeugt den Stadtmenschen – kontrolliert, harmlos, eintönig: Herr Müller, um 7.30 Uhr auf dem Weg in die Stadt usw. Der Verlust an wahrem Glauben drückt unser Temperament und dämpft den Funken. Der Mensch voll Heiligen Geistes hat eine charismatische Glut. Wir wurden nach Gottes Ebenbild erschaffen, und er ist kein unbewegliches, emotionsloses Wesen – jedenfalls nicht laut Bibel. Sich mit Alkohol oder Ähnlichem abzufüllen ist ein Versuch, den Stumpfsinn zu vertreiben; sich vom Heiligen Geist erfüllen zu lassen ist jedoch die weit bessere Art.

Anbetung Gottes ist der allergeeignetste Ort für Hochgefühle. Wenn wir Gott anbeten, sollten wir unserem Geist erlauben, sich ohne die Ängste und Zwänge sozialer Regeln frei zu erheben. Religiöses war schon immer das Ventil für bestimmte Seiten der menschlichen Natur. Gott anzubeten erhebt den Geist zu seinem vollen emotionalen Format. Die Ehrfurcht vor Gottes Großartigkeit, die Hingabe und Anbetung sollten uns die Freiheit geben, ganz und gar wir selbst, „entblößt vor Gott", formbar zu sein.

Im Alten Testament lesen wir wenig über wahre Anbetung. Dass David, zum Missfallen seiner Frau Michal, in Entzücken vor Gott halbnackt durch die Straßen tanzte, war wohl unüblich. Gleichwohl schwingt in dem Wort „Anbetung" auch eine körperliche Komponente mit, und für die Menschen war es nicht ungewöhnlich, sich dabei auf ihr Angesicht zu werfen.

Als eine Illustration für Begeisterung verwenden Prediger gern den Fußball. Das Spiel ist allgemein dafür bekannt, dass man völlig aus sich herausgehen kann. Andere Sportarten sind auch aufregend, aber die Zuschauer sind weniger impulsiv. Die Atmosphäre bei einem großen Spiel gehört zu dem Geheimnis, warum dieser Sport so beliebt ist. Das Stadion kommt fast einem Heiligtum gleich, in dem die Fans sich vollkommen gehen lassen und ihren Club vergöttern können. Niemand findet das seltsam, denn alle tun es – warum nicht? Bei diesen Gelegenheiten zeigt sich die menschliche Natur unverstellt.

Doch die Leidenschaft hat Feinde. Im 19. Jahrhundert verurteilte Schopenhauer die Leidenschaft als blindes, sinnloses Bemühen, während die postmoderne Distanziertheit alles als Spaß ansieht.[6]

Das erste aller Gebote lautet: *„Du sollst den Herrn, deinen Gott, lieben aus deinem ganzen Herzen und aus deiner ganzen Seele und aus deinem ganzen Verstand und aus deiner ganzen Kraft!"* (Markus 12,30). Dies ist ein Aufruf zu vollkommener Leidenschaft; sie im höchsten Maß auszudrücken wäre angebracht, viel mehr als bei jedem Ballspiel. Mel Gibsons Film „Die Passion Christi" zeigte die unmenschliche Grausamkeit, die Jesus zugefügt wurde; aber ein Aspekt fehlte dem Film. Er hätte deutlicher machen

> Zur neunfältigen Geistesfrucht zählt nicht die Würde. Vornehmheit ist keine Reaktion auf den gekreuzigten Jesus.

können, welchem Ziel die Passion Christi galt. Seine Leidenschaft war, den Willen Gottes zu tun und die verlorene Welt zu retten. Wenn Fußball uns mehr in Gang bringt als Gott, haben wir einen Knoten in der Leitung.

Es wäre eine der größten Tragödien der Geschichte, wenn die Gemeinde sich für eine Anbetung mit gedämpften Emotionen entschlossen hätte. Diese Feierlichkeit „Ehrfurcht" zu nennen, kommt einem Missbrauch der deutschen Sprache gleich. Wie „ehrfürchtig" ist es denn, unfroh zu sein, wenn man sich an all das erinnert, was Gott für einen getan hat?

Unsere Anstrengungen, vor Gottes Angesicht **nicht** emotional zu sein, müssen ihn doch sehr erstaunen. Soll er sich freuen über „abgestellte" Anbeter mit leeren Mienen, starr wie Grabfiguren? Hätten wir selbst gern Besucher, die wie Eisberge oder ägyptische Mumien sind? Gott als Quelle des Lebens braucht leblose Repräsentanten so wenig wie wir einen Nackenschmerz. Man rechtfertigt frostige Anbetung gern als „würdevoll". Zur neunfältigen Geistesfrucht (Galater 5,22) zählt allerdings nicht die Würde. Vornehmheit ist keine Reaktion auf den gekreuzigten Jesus. In der Heiligen Schrift fallen Anbeter zu den Füßen Christi nieder. An Pfingsten dachte man, die Gläubigen seien betrunken, als sie aus dem Obersaal kamen. Soweit ich weiß, sah noch keiner, der aus der Westminster Abbey oder dem Petersdom gekommen ist, verdächtig danach aus, zuviel Alkohol getrunken zu haben!

Wie konnte die Kirche nur verlernen, wer Gott ist? Warum nahm sie solch ein überspanntes Gehabe an? Gott ist ein verzehrendes Feuer! Das Christentum begann mit dem Zungenreden, aber im Laufe der Zeit wurde aus der Anbetung irgendwie eine Routine von Priestern, denen die gehemmte Versammlung zuschaut. Der fundierte Glaube an die Kraft des Heiligen Geistes verblasste und wurde zusehends verfälscht, bis er kaum mehr als ein Aberglaube war.

Werfen wir einen Blick auf die Zeit nach den Aposteln: In der römischen Verfolgung gingen Aufzeichnungen über ein paar Generationen verloren. Dann, ungefähr ab 150 n. Chr., tauchen Berichte über Bischof Montanus und seine Anhänger auf. Sie prophezeiten und sprachen von der Notwendigkeit der Geistesgaben. Ihre Anbetung war feurig und frei, eine Gegenreaktion auf die kalte und förmliche Anbetung, die zu jener Zeit gang und gäbe war. Die Bischöfe verurteilten den „Montanismus", denn sie fürchteten, die prophetische Gabe könnte ihre eigene Autorität untergraben, aber auch, weil die Bewegung so emotional war und leider auch korrekturbedürftige Elemente aufwies. Von da an wurde nicht nur festgelegt, dass die Geistesgaben lediglich den Priestern vorbehalten seien, sondern es wurde auch die Inbrunst in der Religion als „Schwärmerei" verurteilt, womit gemeint war, dass diese Menschen „besessen" seien. Herzerwärmende Anbetung wurde missbilligt, der Geist gedämpft, und die leidenschaftslose Anbetungsform breitete sich aus. Viele Jahrhunderte lang hat Förmlichkeit das kirchliche Leben geprägt.

Menschen sind von Natur aus nicht leidenschaftslos. Im Lauf der Jahrhunderte gab es immer wieder Beispiele, wo sich die Leidenschaft aus ihrer religiösen Zwangsjacke befreite. Wir können nicht alle aufzählen, aber die Kirchengeschichte enthält vielfältige Phasen mit kraftvollem Glauben, allerdings oft zu kraftvoll und kriegerisch. Die katholische Kirche war kein homogener, unveränderlicher Block, sondern bestand u. a. aus einer ganzen Anzahl von Sekten, Kulten, Messiassen, abgespalteten Gruppen mit einer Vielzahl von Vorstellungen über Gott und Anbetung. Als z. B. Erwartungen der nahen Wiederkunft Christi aufflackerten, erhitzten sich die Gemüter. In mittelalterlichen Zeiten kam es zu einer bestürzenden Art von Erweckung, als Hunderte von Männern und Frauen, die Flagellanten, zur Vorbereitung auf Christus während zweier Jahrhunderte blutüberströmt und sich geißelnd durch die Städte zogen. Aber Flagellanten tauchen in regelmäßigen Abständen und sogar heute auf, wie zum Beispiel in Mexiko oder auf den Philippinen. Hitzköpfe gibt es bei uns immer, aber wenn man sie hinauswirft, droht die schleichende geistliche Lähmung.

Vor nicht zu langer Zeit, im 18. und 19. Jahrhundert, kam auch wieder feuriger Glaube auf. Predigten wie die von John Wesley hatten oft dramatische Auswirkungen auf die Menschen, etwa dass sie Zuckungen hatten, laute Schreie ausstießen und zu Boden fielen, das Publikum wie gebannt zuhörte und wie von Hysterie ergriffen schien. Versammlungen, bei denen körperliche Reaktionen erfolgten, wurden „geistliche Aufbrüche" genannt, und solche, die sonst als Evangelisationen galten, nannte man in den USA „Erweckungsversammlungen". Vor einigen Jahren traten, z. B. in Toronto, Phänomene wie aus alten Erweckungszeiten auf. Doch es kam zu keiner Erweckung, sondern erwies sich nur als Brandung des mächtigen Ozeans.

Wenn solche Dinge geschehen, liegt natürlich die Frage auf der Hand, ob das alles von Gott kommt. Ein gutes Bibelverständnis zeigt, dass das Evangelium in der Kraft und Demonstration des Heiligen Geistes kommen sollte. Die Schrift definiert nicht, was damit gemeint ist, aber es handelt sich eindeutig um eine Art von sichtbarer oder physischer Wirkung. Dass sich dann auch die dämonischen Mächte rühren, erkannt werden und im Namen Jesu weichen müssen, gehört zur selben biblischen Realität. Gott möchte uns jedenfalls mehr Erkenntnis über seine Kraft geben. Wirkungen des Geistes erkennt man anhand des Verheißungspakets in Gottes Wort.

Als Daniel und der Apostel Johannes einen Engel sahen, streckte es sie nieder. Persönlichkeit ist eine Kraft. Wir reagieren ganz verschieden, je nachdem, auf was für Menschen wir treffen und was für ein Mensch wir sind. Ganz gleich ob ernst oder lustig, sanft oder grob, letztendlich kommt jede Persönlichkeit vom Heiligen Geist. Unser menschliches Auftreten ist nur wie ein winziger Funke seines unendlichen Auftretens. In ihm ist alles, was wir sind und uns vorstellen können. Alles, was jemand je gewesen ist, ist wie ein Atom seiner glühenden Wundersonne. Wenn wir einem guten Komiker zusehen, lächeln wir (mindestens). Wenn wir etwas Großartiges sehen, reagieren wir normalerweise mit Bewunderung. Wenn wir Sanftheit und Freundlichkeit im Charakter eines Mannes oder einer Frau entdecken, möchten wir wie sie sein.

Wir freuen uns mit den Fröhlichen und weinen mit den Trauernden. Wir können kaum anders. Wenn aber der Geist des lebendigen Gottes auf uns kommt, sollen wir dann erstarren und einfrieren, gefühllos werden und düster dreinblicken? Auf dem Weg zum Gottesdienst genießen wir den herrlichen Sonnenschein, die majestätischen Bäume und das prächtig grüne Gras; all das zaubert ein Lächeln auf unser Gesicht. Aber sobald wir die Kirchentür erreichen, schalten wir das Lächeln ab.

> Lebendige Menschen reagieren auf Leben. Gott ist ein lebendiger Gott. Jesus ist die Auferstehung und das Leben.

Ist das eine Tradition, der man folgen sollte? Wenn es eine akzeptierte Tradition ist, beim Fußball Begeisterung zu zeigen, warum sollte es in der Gemeinde so ganz anders sein? Warum den Geist dämpfen und uns selbst berauben, indem wir nicht auf seine erwiesene Größe reagieren? Wenn Gott keine Wirkung auf unsere Gefühle hat, muss befürchtet werden, dass der geistliche Tod eingetreten ist und die Leichenstarre eingesetzt hat.

Kürzlich haben wir eine Befragung unter Menschen gestartet, die, wie man sagt, „im Geist" zu Boden gegangen waren. Jeder von ihnen erklärte, es sei eine übernatürliche Erfahrung gewesen, und die meisten merkten mindestens ein paar Sekunden lang gar nicht, dass sie umgefallen waren. Sie empfanden und genossen es, für Momente am Boden zu liegen. Vor allen Dingen gingen sie mit dem mächtigen Empfinden der Gegenwart Gottes. Das Wirken des Geistes ist immer geheimnisvoll, auch wenn es real ist. Es hat viele nach außen hin sichtbare Zeichen, aber die Bibel kennzeichnet Zungenrede und Prophetie als Regel für alle Gläubigen, als Bestätigung dafür, dass der Geist Wohnung genommen hat.

Gefühle und deren physische Äußerung zu ächten, ist einfach unrealistisch. Gott spricht von seinem eigenen, leidenschaftlich liebevollen Charakter. Wenn wir seinen Geist haben wollen, ist es kurios, eine Haltung anzunehmen, die nicht mit seiner übereinstimmt. Jesus zeigte erhebliche Gefühle, er frohlockte, weinte und stöhnte, war in einer Weise von Mitgefühl bewegt, die viele von uns im Westen ziemlich extrem finden würden. Wie sollte dann das stoische Unterdrücken unserer Empfindsamkeiten, das Aufsetzen einer selbstzufriedenen Beherrschtheit die Zuwendung Gottes erregen, dessen ganzes Wesen Liebe ist?

Wir können uns selbst im Griff haben, unsere Reaktionen kont-rollieren, die Jacke perfekt zugeknöpft und die Gelassenheit festge-zurrt haben. Es mag so stark und bewundernswert aussehen, aber wo ist der Eingang, wo das Willkommensschild für den Heiligen Geist? Das Versprechen war: *„Ein kleiner Junge wird sie treiben"* (Jesaja 11,6) – kein Machotyp. Sich lässig über eine Kanzel zu leh-nen und einen netten Plausch mit der Gemeinde zu halten wie ein Arzt, der einen Patienten berät, hat nichts mit der Schubkraft der ersten Christen zu tun, die die heidnische Welt durchdrangen. Die heutige Welt braucht dieselbe Art von Jüngern.

Lebewesen haben von Natur aus Empfindungen. Wenn wir keine Gefühle haben, sind wir tot. Bis zum Tag, an dem wir zum Fried-hof getragen werden, fließen in unserem Bewusstsein immer irgendwelche Gefühle. Gott, der uns geschaffen hat, schickt seinen Geist auf uns. Shakespeare benutzte ein wundervolles Bild: „Weswegen sollt' ein Mann mit warmem Blut dasitzen wie sein Großpapa, gehau'n in Alabaster?" [7] Wie kann eine Position ausdrucksloser Stille eine Empfehlung für Gott sein? Er ist der Gott des Feuers, kein Eisberg. Wenn wir keine Lebenszeichen von uns geben, wer sollte dann vermuten, dass Gott in uns oder unter uns ist?

Vielleicht ist das ein Grund, weshalb Menschen von Gott fern blei-ben – oder zumindest von der Kirche. Wir mögen sie als ungläubig oder gleichgültig kritisieren, aber könnte die Ursache dafür viel-leicht sein, dass der „Gemeinde" der Ausdruck von Lebendigkeit fehlt und dass sie ein Bild kühler, pedantischer Korrektheit abgibt? Lebendige Menschen reagieren auf Leben. Gott ist ein lebendiger Gott. Jesus ist die Auferstehung und das Leben. Er ist vom Grab auferstanden, aber die, die ihn repräsentieren, vermitteln nicht immer viel vom Auferstehungsleben. Es ist geradezu typisch für Religion, dass man darunter den Inbegriff leidenschaftsloser Korrektheit versteht. Nicht zu viel Eifer bitte, ja, alles steuern, bloß nicht atmen, Gott ist hier! In alten Kirchen gibt es prächtige Altäre für die Toten, aber keinen Altar für Jesus. Gottesdienste, bei denen Gott im Sarg zu sein scheint, haben nichts mit dem auferstandenen Jesus zu tun! Die Geistestaufe ist eine Taufe des Lebens, der Energie, der Freude. Geistgetaufte fühlen sich in einer kalten Kirche nie wohl.

Heilungen, Zungenrede, Niederfallen, Aufschreien und andere Phänomene – bei der Kraft des Heiligen Geistes ist mit Auswirkungen auf unsere Empfindungen zu rechnen. In seiner Gegenwart Jubel und Wunder zu erwarten, dürfte völlig berechtigt sein. Da er der Herr von Himmel und Erde ist, ist es schwer vorstellbar, dass das Übernatürliche nicht früher oder später in Erscheinung tritt.

Der Heilige Geist

offenbarte sich quer

durch alle Denominationen.

Bald wurden Kirchentraditionen an vielen

Orten von einer neuen Freiheit abgelöst.

Heutzutage hat der Heilige Geist seinen

gebührenden Platz bekommen.

KAPITEL 7

Geschichte der Geistesbewegung

Jesus war mit seinen Jüngern zusammen; kurz darauf sollte er zurückkehren zu Gott, seinem Vater. Sie fragten ihn: *„Herr, stellst du in dieser Zeit für Israel das Reich wieder her?"* (Apostelgeschichte 1,6). Sie waren auf einer völlig falschen Wellenlänge. Jesus sagte ihnen, dass Zeiten und Daten nicht ihre Sache seien; ihre Aufgabe war es, Zeugen zu sein. Sie wollten politische Unabhängigkeit für Israel, er aber sagte ihnen, sie sollten nach dem versprochenen Heiligen Geist Ausschau halten. Sie dachten immer noch, Jesus sei auch ein politischer Anführer, ein zweiter Mose. Doch Jesus hatte viel mehr im Sinn als nur Israel. Er gebot ihnen, das Evangelium bis an die Enden der Erde zu tragen (Apostelgeschichte 1,8).

Was in letzter Zeit vom Heiligen Geist bekannt wurde, vor allem durch erlebte Realität, hat sämtliche Grenzen gesprengt, Gläubige aller Art rund um die Welt verbunden und einen neuen Eifer für Evangelisation entfacht.

Im Jahr 1999 schrieb Russell P. Spittler, Professor für neutestamentliche Theologie am Fuller Seminary: „Meist kennen sie (die Geistgetauften) ihre Stärke nicht. Innerhalb der letzten fünf Prozent Kirchengeschichte sind sie zu einer global maßgeblichen Kraft des Christentums geworden, zahlenmäßig an zweiter Stelle nach der einen Milliarde Katholiken, nämlich etwa die

Hälfte." [8] Es ist eine erneuernde Kraft, die das Wunschdenken jener, die hämisch behaupten, das Christentum befände sich auf dem absteigenden Ast, eines Besseren belehrt.

Charles Parham, Leiter einer Bibelschule, traf mit einer spontanen Aktion genau die Kernfrage. Da er ein paar Tage außer Haus sein musste, trug er den Schülern auf, im Neuen Testament nachzuforschen, was das Zeichen der Taufe im Heiligen Geist sei. Dies war ein entscheidender Moment. Was sie fanden, war eindeutig: Der mit Kraft ausrüstende Heilige Geist markierte sein Kommen mit dem Sprechen in Zungen. Am 1. Januar 1901, dem ersten Tag des 20. Jahrhunderts, bat Agnes Ozman, eine junge Schülerin eben dieser Bethel Bible School in Kansas, ihre Mitschüler, ihr die Hände aufzulegen. Sie wurde mit dem Heiligen Geist erfüllt und sprach in Zungen.

> Was in letzter Zeit vom Heiligen Geist bekannt wurde, vor allem durch erlebte Realität, hat sämtliche Grenzen gesprengt, Gläubige aller Art rund um die Welt verbunden und einen neuen Eifer für Evangelisation entfacht.

Zungenrede war nicht neu. Viele hatten in Zungen geredet. Nun aber wusste man, was dies bedeutete. Agnes wusste es. Hier war die lang ersehnte Geistestaufe, Gottes Zusage auf seinen innewohnenden Geist. Agnes starb 1937, doch sie wurde noch Zeugin, wie das, was sie im Kleinen empfangen hatte, anfing, die Nationen zu berühren. An jener Bibelschule in Topeka empfingen nach Agnes ein Dutzend anderer den Geist. Die frisch getauften, mit geistlicher Gewissheit erfüllten Studenten begannen dann hin und her zu evangelisieren, was zu mächtigen Auswirkungen führte.

„Zungen"? Eine körperliche Wirkung! Der nüchternen christlichen Welt schien dies extrem. Man war unsicher und gehemmt. Die Geistestaufe stieß schnell auf Widerstand; Gerüchte von Auswüchsen machten die Runde und wurden zu Vorurteilen. Manchen ist jedes Mittel recht.

Sechs Jahre später kam eine kleine Gruppe von suchenden Menschen, Schwarze und Weiße, in einer alten methodistischen Holzkirche zusammen. Sie hatten die Verheißung im Wort Gottes verstanden. Ihr Leiter war ein Schwarzer, William Seymour. Er frönte keinen lauten geistlichen Darbietungen, sondern kniete leise hinter seiner alten, primitiven Kastenkanzel und ließ Gottes Geist walten.

> Die ersten Jünger empfingen die Kraft, gingen aber nie zurück in den Obersaal, um ein „neues Pfingsten" zu empfangen. Wir lesen nicht von Gebetsfreizeiten, die abgehalten wurden, um die Kraft wieder zu bekommen.

Dann nahm die heulende Meute der Weltpresse Witterung auf. Für sie war das sensationell und überaus berichtenswert. Die christliche Welt las es und wurde aufmerksam. Evangelikale hatten lange für „Erweckung" gebetet, also christliche Versammlungen mit deutlichen Auswirkungen. Die Versammlungen in der Azusa Street in Los Angeles, Kalifornien, zog selbst Gläubige aus Europa an – allesamt begierig, mehr zu erfahren. Trotzdem stieß die Aussage der Geisterfüllten, ihre Erfahrung sei wirklich biblisch und nicht bloß eine Nebenwirkung des Erweckungspathos, auf Kritik. Über 50 Jahre hinweg behandelten die Kirchen die Zungenrede mit Misstrauen, bis es ab den 1960ern und 1970ern begann, christlich angenommen zu werden.

Der Heilige Geist offenbarte sich quer durch alle Denominationen. Bald wurden Kirchentraditionen an vielen Orten von einer neuen Freiheit abgelöst. Heutzutage hat der Heilige Geist seinen gebührenden Platz bekommen. Ein Rezensent der Fachzeitschrift Expository Times stellte fest, dass es um das Jahr 2000 etwa 500 Millionen solcher charismatischen Christen gegeben habe. Für das Jahr 2006 wurde von 600 Millionen gesprochen. Es ist wie ein geistlicher Urknall, mit hunderttausenden neuen Kirchen am christlichen Sternenhimmel, mit Organisationen, karitativen Einrichtungen, Missionen, Universitäten, Gelehrten und Millionen von Menschen, die bezeugen, „von Neuem geboren" zu sein. Was hat ihn ausgelöst? Seine göttlichen Eigenschaften sagen uns, von wem er kommt.

Diese Welterweckung sieht auffällig nach dem aus, was die Gläubigen im 19. Jahrhundert erbeten haben – „ein neues Pfingsten". Nun, was geschah an Pfingsten? Die ersten Jünger empfingen die Kraft, gingen aber nie zurück in den Obersaal, um ein „neues Pfingsten" zu empfangen. Wir lesen nicht von Gebetsfreizeiten, die abgehalten wurden, um die Kraft wieder zu bekommen. Nachdem sie einmal den Geist empfangen hatten, baten sie nicht noch einmal darum. Es gab keine „Gebetsmarathons", um sich zu vergewissern, dass Gott bei ihnen war. Dessen waren sie sich sicher!

Der eigentliche christliche Glaube wird erst durch Erfahrung richtig kennen gelernt, und so verhält es sich auch mit dem Heiligen Geist. Man benötigt dafür weit mehr als ein Buch – zum Beispiel dieses Buch – aber dieses Buch ist dazu da, Lesern die Erfahrung des Heiligen Geistes nahezubringen und sie in seinem Wesen und Willen zu unterweisen.

Der Beistand

wird immer nur gesandt oder kommen,

weil er es will.

Es ist seine souveräne Gnade.

Was er tut, tut er, weil er ist, wer er ist.

Wir brauchen ihn und er reagiert.

Wir bitten und wir werden empfangen.

KAPITEL 8

Der Paraklet

Jesus führte seine Jünger zum Ölberg, und von dort *„stieg er auf"* und kehrte zurück in den Himmel. Da gingen die Jünger *„nach Jerusalem zurück mit großer Freude; und sie waren allezeit im Tempel und priesen Gott"* (Lukas 24,52f). Jesus verließ die Jünger und sie waren überglücklich!? Freude über den Verlust ihres Herrn ist nicht gerade die Reaktion, die wir erwarten würden. Weder vorher noch nachher hat der Abschied von einem geliebten Menschen Grund zur Freude ausgelöst. Nur der „Verlust" dieses Einen war etwas, was Freude verursachen konnte! Dieses Ereignis hatte etwas Besonderes, ein Geheimnis – so wunderbar, dass die Jünger einfach nicht aufhören konnten, fröhlich zu sein. Die Trennung von ihrem geliebten Freund musste ihnen das Herz schwer machen, aber sie wussten, dass dieser Preis gering war im Vergleich zu dem großen Segen, der bald kommen würde.

Jesus hatte sie schon vorgewarnt: *„Noch kurze Zeit, dann seht ihr mich nicht mehr ... Ihr werdet weinen und klagen, aber die Welt wird sich freuen; ihr werdet bekümmert sein, aber euer Kummer wird sich in Freude verwandeln. Wenn die Frau gebären soll, ist sie bekümmert ... aber wenn sie das Kind geboren hat, denkt sie nicht mehr an ihre Not"* (Johannes 16,19-21).

Heute scheinen nicht besonders viele Menschen glücklich zu sein, weil Jesus in den Himmel gegangen ist. Wer freut sich schon darüber? Die meisten wünschten ihn sich zurück. Wenn wir jedoch wüssten, was die Jünger wussten, hätten wir allen Grund zur Freude – einige von uns jedenfalls. Sie hatten etwas verstanden, von dem die „Verständigen dieser Welt" nicht die geringste Ahnung hatten.

Nun, wissen wir es denn? Ziel dieses Kapitels ist die Enthüllung des Geheimnisses – eines offenen Geheimnisses, das dieselbe Freude in uns hervorrufen sollte.

> Die Himmelfahrt des Herrn war ein überaus wichtiger Termin mit dem Vater und betraf das Kommen des Heiligen Geistes, des Parakleten. Dies sollte eine grundlegende Veränderung in Gottes Weltordnung herbeiführen.

Liberale Kritiker machen sich über den biblischen Himmelfahrtsbericht lustig, als wären sie den Autoren der Evangelien überlegen. Sie sprechen von Düsenantrieb, Abflug und einem dreistöckigen Universum. Solcher Spott ehrt sie nicht gerade. Glauben die modernen Kritiker wirklich, dass die Schreiber der Bibel so unwissend und naiv waren? Ist das etwa intelligent? Es entlarvt nur die Blindheit des Unglaubens. Die Himmelfahrt ist Teil jenes großen Dramas, wie Christus vom Vater kam und zu ihm zurückkehrte. Jesus „fuhr auf" in den Himmel. Wie würden es denn die Kritiker beschreiben?

Aber auch die Kirche selbst entwickelte keine großartige Lehre darüber. Gewöhnlich sieht man die Himmelfahrt als endgültigen Triumph Christi an, als Abschluss seines Werks. In einem Kirchenlied heißt es: „Ganz hat er's vollendet, freudig singen wir,

Jesus fuhr gen Himmel, dem König alle Ehr!"[9] Sein Werk war damals keineswegs beendet und wird es auch nie sein. Er ging, um etwas von größter Bedeutung in Gang zu setzen.

Die Himmelfahrt des Herrn war ein überaus wichtiger Termin mit dem Vater und betraf das Kommen des Heiligen Geistes, des „Parakleten" (s. unten). Dies sollte eine grundlegende Veränderung in Gottes Weltordnung herbeiführen.

Das Erste, was über Jesus geäußert wurde, als er seinen irdischen Dienst begann, kam von seinem Vorläufer Johannes, dem Täufer. Dieser sagte, dass der, der nach ihm käme, die Menschen mit Heiligem Geist und mit Feuer taufen würde (Matthäus 3,11). Tatsächlich aber hat Jesus bis er die Erde verließ, keinen einzigen Menschen mit Heiligem Geist oder mit Feuer getauft. Selbst Johannes der Täufer war verwirrt und fragte sich, ob Jesus vielleicht doch nicht der war, für den er ihn gehalten hatte.

Tatsächlich erwähnt die Bibel, dass der Heilige Geist in dem Sinne noch gar nicht hier war, als Jesus die Erde verließ: *„Der Geist war noch nicht gegeben"* (Johannes 7,39 EÜ). Um der Jesus zu sein, den Johannes angekündigt hatte, musste er mit dem Heiligen Geist taufen, und Jesus hatte dies nicht getan – bis dahin. Johannes erkannte nicht, dass seine eigene Prophetie auf den Geisttäufer ein absolut größeres Werk meinte als ein augenblickliches und örtlich begrenzbar.

Die Himmelfahrt war notwendig, damit der Heilige Geist gesandt werden konnte (vgl. Apostelgeschichte 2,33). Angesichts all der Wundertaten Jesu scheint uns, dass er auch jedermann mit heiligem Feuer hätte taufen können. Gab er nicht den Aposteln Macht über Böses und Krankheit (Matthäus 10,1)? Doch, aber er erfüllte sie nicht mit dem Heiligen Geist. Und auch vorher schon hatte der Heilige Geist einzelne Personen wie Mose und die Propheten zum Handeln befähigt. Aber dass Menschen mit Geist und Feuer getauft wurden, erwähnt die Bibel nicht vor Jesu Himmelfahrt.

Christi Himmelfahrt war ein gewaltiges göttliches Geschehen, das den Himmel selbst und die Zukunft der Weltgeschichte beeinflusste. Die Vorstellung ist hinreißend und für unseren Verstand schwer zu fassen. Alle drei Personen der Gottheit sind beteiligt. Der Sohn Gottes, jetzt auch Menschensohn, verband sich mit dem Vater, um den Geist auf die Erde und in die Herzen seiner Jünger zu schicken. Diese Entscheidung hat Gott selbst im tiefsten Innern bewegt. Sie ist der packende Hintergrund der Taufe im Heiligen Geist! So, wie der Sohn gekommen war, um auf der Erde zu leben, sollte nun der Geist kommen, um seinen Platz als der „andere Beistand" einzunehmen und bei uns, ja, in uns zu wohnen (vgl. Johannes 14,16f).

So ist es geschehen. Der Geist kam tatsächlich und ist nun hier. Der Heilige Geist ist Schöpfer aller Dinge, aber auf ausdrücklichen Wunsch Jesu und des himmlischen Vaters hat er sich der Problematik von uns unehrenhaften Menschen angenommen. Dies war kein zufälliges, leichtes Unterfangen. Gott hält das Universum zusammen. Wir können uns wohl nur schwer einen bestimmten Aufenthaltsort für ihn vorstellen, aber dort trat der göttliche Rat zusammen. Es ist sein Machtzentrum, und von dort kam der Geist zu uns.

Dieses weitreichende Ereignis fand statt, weil Jesus uns liebt. Der Geist war sein Geschenk und erfüllte das Versprechen des Vaters. Vor Pfingsten wirkte der Heilige Geist durch Jesus, der den Willen des Vaters tat. Die Barmherzigkeit Christi spiegelte die Barmherzigkeit des Vaters wider. Jesus tat das, was er als Gottes Willen wahrnahm, und er sah nie, dass Gott jemanden, der zu ihm kam, nicht retten, heilen oder befreien wollte. Die Liebe Gottes war die Liebe des Vaters, des Sohnes und des Heiligen Geistes.

Ziel von Jesu Himmelfahrt war, dass er ins Zentrum der Schöpfung, den letzten Punkt allen Seins, den Ort der höchsten Autorität aufsteigen sollte, um das Herz des Allmächtigen zu berühren und seinen Arm zu bewegen. Vater, Sohn und Heiliger Geist berieten miteinander, und nach ihrem Willen kam der Heilige Geist, die Liebesgabe der ganzen Gottheit. Hierin liegt die Größe der Geistestaufe. Die Taufe im Heiligen Geist ist kein aus dem Ärmel geschüttelter Segen. Sie ist größer als jeder Segen – in ihr kommt Gott selbst zu uns.

> So, wie der Sohn gekommen war, um auf der Erde zu leben, sollte nun der Geist kommen, um seinen Platz als der „andere Beistand" einzunehmen und bei uns, ja, in uns zu wohnen

Etwa 55 n. Chr. befanden sich zwei Männer mit einem Brief in der Tasche auf dem Weg zur römischen Kolonie Korinth. Der Brief, von Paulus stammend, enthielt eine Erklärung, die die Welt von der Verwirrung und Bedrückung heidnischer Finsternis befreite. Der Wortlaut war: *„Wisst ihr nicht, dass euer Leib ein Tempel des Heiligen Geistes in euch ist, den ihr von Gott habt?"* (1. Korinther 6,19).

Bis dahin hatte man nur ein vages Bild von Gott; er galt als unbeschreiblich und unerreichbar, absolut vollkommen und zu rein, um irgendetwas mit triebhafter Körperlichkeit zu tun zu haben. Die Offenbarung des Paulus zerschmetterte die „Weisheit" der Griechen. Er ließ das Licht hinein, damit alle den wahren, lebendigen Gott sehen konnten: warm und liebevoll, mit weit ausgestreckten Armen, damit wir ihn erfahren und seine Größe das Denken und Leben normaler Sterblicher durchdringt.

Der Heilige Geist ist das Leben, das in allem Tun Gottes steckt. Er macht Christus erfahrbar. Die Umsetzung von Christi Werk auf unsere Bedürfnisse übernimmt er, der Geist Jesu. Jesus hat alles für uns getan, und alles, was er tat, geschah für uns. Er tat nichts für sich selbst oder seinen eigenen Vorteil. Er kam für uns, wurde für uns geboren, lebte für uns, diente uns, lehrte und heilte uns, litt und starb für uns, stand für uns vom Tod auf und fuhr für uns hinauf in den Himmel, erscheint für uns in Gottes Gegenwart und kommt für uns zurück. Er hat uns zu Erben *„jeder geistlichen Segnung in der Himmelswelt in Christus"* (Epheser 1,3) gemacht – Errettung, Erlösung, Vergebung, Friede, Kraft, Gaben. Und der Geist ist es, der uns die Schatzkammer aller Gottesfreuden öffnet.

Der Hebräerbrief porträtiert uns Jesus als unseren großen Hohepriester, der das Allerheiligste des Himmels betreten hat (Hebräer 4,14). Diese Wahrheit kommt häufiger in unseren Liedern als in der Wortverkündigung vor. Vielleicht wurde die Himmelfahrt als Tatsache, dass Jesus hinaufstieg und uns zurückließ, nicht fröhlich genug als etwas gepredigt, das für unser Leben hier unten wichtig ist. Man sieht in ihr eher nur den Auftakt dazu, dass er jetzt für immer und ewig bei seinem Vater sei.

In Wahrheit aber ist sein Werk nicht beendet. Mit dem Aufstieg zum Vater vollbrachte Jesus eine spezielle Aufgabe. Er sagte: *„Wenn ich nicht weggehe, wird der Beistand nicht zu euch kommen"* (Johannes 16,7). Der Heilige Geist kommt auf Bitte des Sohnes und gesandt vom Vater – wir haben nichts damit zu tun. Der Plan stammt nicht von uns; auf so eine Idee würden wir nie kommen. Der Beistand wird immer nur gesandt oder kommen, weil er es will. Es ist seine souveräne Gnade. Was er tut, tut er, weil er ist, wer er ist. Wir brauchen ihn und er reagiert. Wir bitten und wir werden empfangen.

Der Name Paraklet – griechisch *Parákletos* („Herbeigerufener") – findet sich 5-mal im Neuen Testament. Weil es dafür kein genaues deutsches Wort gibt, verwendet man Begriffe wie Tröster, Ratgeber, Verteidiger oder Anwalt. Ein Blick auf andere Schriftstellen verdeutlicht, wie Jesus das Wort gebrauchte. „Parákletos" (verwandt mit dem Wort *paráklesis,* das 29-mal in der Bibel vorkommt), zeigt den Heiligen Geist als Beistand, Rechtsvertreter, Helfer, Fürsprecher, Vermittler, Berater; als jemanden, der uns zur Unterstützung an die Seite gestellt wird.

Das ist aber nicht alles. Das Neue Testament spricht sehr viel über den Heiligen Geist und beschreibt ihn. Die ganze Bibel hat ein großes Interesse am Parakleten, auch wenn die Christenheit oft nur eine dürftige Vorstellung von ihm hatte und ihn beinahe zu einem verzichtbaren Mitglied der Gottheit machte, das nur zu besonderen Anlässen angerufen wurde.

> Der Heilige Geist kommt auf Bitte des Sohnes und gesandt vom Vater – wir haben nichts damit zu tun. Der Plan stammt nicht von uns.

Jesus hat eine besondere Beschreibung für ihn: *„Ich werde den Vater bitten, und er wird euch einen anderen Beistand geben, dass er bei euch sei in Ewigkeit, den Geist der Wahrheit"* (Johannes 14,16f). „Einen Anderen" bedeutet einen weiteren nebst Jesus. Jesus verließ sie, aber ein Anderer, Gleichwertiger, kam zu ihnen. Das, wozu sie ermächtigt wurden, als Jesus bei ihnen war, konnten sie tun, wenn dieser „Andere" bei ihnen war. Jesus hatte vor zu gehen, doch er sagte: *„Ich werde euch nicht als Waisen zurücklassen"* (Johannes 14,18 EÜ). (Griechisch *orphanós* bedeutet: leer, beraubt, trostlos, verwaist).

Gott hatte es seit Langem geplant. Rechtzeitig vorher sagte Jesus den Jüngern: *„Wir müssen die Werke dessen wirken, der mich gesandt hat, solange es Tag ist; es kommt die Nacht, da niemand wirken kann. Solange ich in der Welt bin, bin ich das Licht der Welt"* (Johannes 9,4). Damit meinte er wohl die drei Tage, an denen es Nacht sein würde, weil er im Grab lag und die Werke Gottes nicht wirken konnte. Tatsächlich erfolgten keine Heilungen mehr bis zu jenem Tag sieben Wochen später, an dem er den Heiligen Geist sandte. Jesus schilderte den Jüngern, wie dies sein würde: *„Wahrlich, wahrlich, ich sage euch, dass ihr weinen und wehklagen werdet, aber die Welt wird sich freuen, ihr werdet traurig sein, aber eure Traurigkeit wird zur Freude werden [...] Auch ihr nun habt jetzt zwar Traurigkeit; aber ich werde euch wiedersehen, und euer Herz wird sich freuen [...]"* (Johannes 16,20-22). Christus stieg aus dem Grab, und das Licht schien wieder. Er bewies, dass er derselbe Jesus war. Zu Beginn seiner Arbeit hatte er den Jüngern einen wunderbaren Fischfang beschert; nach seiner Auferstehung wiederholte er das Wunder, aber auf mächtigere Art und Weise (Lukas 5,6; Johannes 21,6).

Die Jünger waren unorganisiert und ziellos – bis „ein anderer Beistand" kam. Die ersten Worte der Apostelgeschichte lauten: *„Den ersten Bericht habe ich verfasst, von allem, was Jesus ange-fangen hat zu tun und auch zu lehren, bis zu dem Tag, an dem er in den Himmel aufgenommen wurde"* (Apostelgeschichte 1,1f). Stichwort „angefangen": Offensichtlich sollte das fortgesetzt werden, was Jesus begonnen hatte. Jesus sagte, dass seine Werke aufhören würden, wenn es Nacht sei – als er im Grab lag –, aber nachdem er auferstanden sei, würden sie fortgesetzt werden. Von dieser Zeit an wollte er durch die Hände der Gemeinde wir-ken, nicht mit seinen eigenen Händen

> Der Heilige Geist ist keine zusätzliche Hilfe. Er ist das wunderbare Herzstück der Christenheit.

aus Fleisch und Blut. Alles, was Jesus dann tat, sollte durch den Heiligen Geist gewirkt werden, denselben Geist, der denen gege-ben werden sollte, die glaubten – *„ein anderer Paraklet"* außer ihm selbst. Wie zu der Zeit, als Jesus bei ihnen war, sollten sie wieder auf die Mission der Barmherzigkeitswunder gehen. Die dama-ligen Einsätze gehörten zu seinem Training für die Zeit, wenn der Heilige Geist kommen würde (Matthäus 10,5; Lukas 9,2).

Das Außergewöhnliche dabei war Jesu Ankündigung, dass seine Jünger nicht nur die Werke tun würden, die er getan hatte, son-dern weit größere, weil er zum Vater gehe. Dabei hat niemand größere Werke im physischen Bereich getan als Christus.

Was könnte jemand also Größeres getan haben, als Jesus tat? Seine Heilungs- und Naturwunder sind beispiellos und trugen die Zeichen absoluter Allmacht. Dennoch versprach Jesus größere Dinge.

Was Jesus tat, wurde vom Heiligen Geist gewirkt: *„Denn der, den Gott gesandt hat, redet die Worte Gottes, denn er gibt den Geist nicht nach Maß"* (Johannes 3,34). Bis er in den Himmel aufstieg, war der Heilige Geist noch nicht bei uns, nur bei Jesus (Johannes 7,39). Ohne den Geist kann niemand etwas tun, was die Kraft hätte, sich der Welt entgegenzustellen. Wenn aber der Beistand (Paraklet) kommen werde, so sagte Jesus, werde er *„die Welt überführen von Sünde und von Gerechtigkeit und von Gericht"* (Johannes 16,8). Dies war nie zuvor geschehen, nicht einmal, wenn Jesus predigte. Es geschah, nachdem der Heilige Geist auf die ersten Jünger gekommen war. Bekleidet mit der Kraft aus der Höhe, brachte Petrus 3.000 Menschen, von Sünde überführt, zur Bekehrung.

So sollte die Ära des Heiligen Geistes sein, der Tag des Parakleten, der uns als bleibender, allmächtiger Freund gegeben wurde, dessen sämtliche Kraft und Mittel uns zur Verfügung stehen. Der Heilige Geist ist keine zusätzliche Hilfe. Er ist das wunderbare Herzstück der Christenheit.

Millionen Menschen
für Jesus gewinnen
Afrika soll errettet werden!

„Christus für alle Nationen", der Dienst von Evangelist Reinhard Bonnke, verkündet seit über 30 Jahren das Evangelium Jesu in Afrika und auf der ganzen Welt. Über 45 Millionen Menschen haben seit dem Jahrtausendwechsel in CfaN-Gottesdiensten eine Entscheidung für Jesus getroffen und dies schriftlich dokumentiert.

احتفالات الإنجيل العظيم

Links:
Bindungen zerbrechen und
Menschen werden frei:
Beim Verbrennen von Götzen-
bildern, Fetischen und Zauberei
Utensilien herrscht große Freud

Unten:
Wenn in der morgendlichen
Feuerkonferenz über die
Kraft des Heiligen Geistes
gelehrt wird, wird jeder
freie Platz genutzt.

120.000 Menschen hören in einem Gottesdienst in der Stadt Juba im südlichen
Sudan die kraftvolle Botschaft der Errettung und erheben den Namen Jesus!

Juba Sudan

Neben dem mächtigen Strom Nil fließen Ströme des Segens

Nach Jahren furchtbarer Kämpfe wird im kriegsgeschüttelten südlichen Sudan die Gute Botschaft von Jesus Christus und seiner wunderbaren Errettung verkündet.

Gospel Celebration
احتفالات

with Evangelist Reinhard Bonnke

Abends waren die Straßen der Stadt Juba wie leer gefegt. Nahezu alle Bewohner der Stadt kamen auf dem Evangelisationsgelände zusammen, um das erste Mal nach dem Ende der Feindseligkeiten das Wort Gottes frei und ungehindert hören zu können.

Während der 5-tägigen Veranstaltung füllen über 580.000 Menschen eine Entscheidungskarte für Jesus aus.

Christen aus ganz Ikom kommen zur Ankunft des Evangelisten auf
die Straße und begrüßen das CfaN-Team voller Freude.

Gemeindeleiter aus Ikom und vielen Städten der ganzen Region versammeln
sich auf einem Sportareal, um an der Feuerkonferenz teilzunehmen.

Ikom
NIGERIA

Dem blind geborenen,
8-jährigen Wilfred gelingt es leicht,
Reinhard Bonnkes weißes Taschentuch
zu ergreifen, um damit unter Beweis
zu stellen, dass er nun sehen kann.

Alle Anwesenden vereinen sich
in Fürbitte für Zehntausende von
ebetsanliegen der Gottesdienstbesucher
und aus der ganzen Welt.

Verwandelte Leben,
wiederhergestellte Familien,
eine veränderte Gesellschaft ...
Das Evangelium bringt Hoffnung
wo immer es verkündigt wird.

OGOJA

Seit 35 Jahren predigt Reinhard Bonnke
– von einer verzehrenden Leidenschaft in
seinem Herzen vorangetrieben –
die Botschaft Jesu Christi überall in Afrika
und an vielen Orten auf der ganzen Welt.

Jede Veranstaltung dient auch dazu, die geistlichen Dienste und Werke der Region neu zu inspirieren und in Brand zu setzen. Feuerkonferenzen rüsten Christen zu und dienen der Multiplikation.

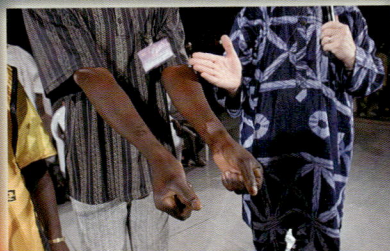

Dieser bei einer vorhergehenden Evangelisation geheilte Mann gibt Zeugnis. Er war
geisteskrank und zeigt jetzt seine Narben un
die Ketten, mit denen er an Händen und Füß
gefesselt war. Zahlreiche Menschen preisen
den Herrn durch Berichte ihrer Heilung.

Über 200.000 Menschen besuchen den Abschlussgottesdienst der Evangelisation in Wukari

Wukari
empfängt das Evangelium

Überall feiern Menschen das Evangelium, auf dessen Verkündigung Zeichen und Wunder folgen. Die ganze Veranstaltung ist durch ein starkes übernatürliches Wirken Gottes geprägt und motiviert die Gemeinden neu, hinauszugehen und Seelen zu retten.

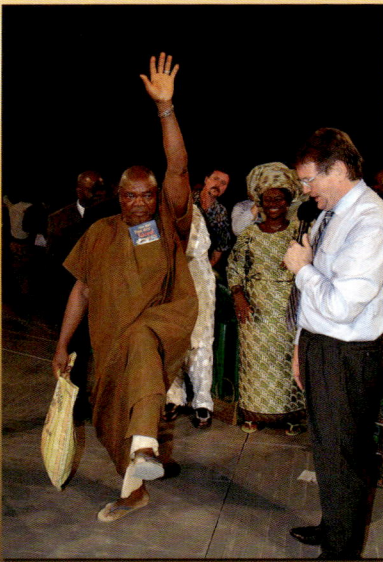

Der Verkündigung des Wortes Gottes folgen Zeichen und Wunder. Viele Menschen kommen zur Bühne, um ihre Heilung zu bezeugen. Die Menge jubelt, feiert und singt.

In den 5 Tagen der Großevangelisation in der nigerianischen Hauptstadt Abuja füllen über 1.040.000 Menschen Entscheidungskarten für Jesus aus.

Abuja, Nigeria

Das Königreich Gottes
in der Hauptstadt des Landes

Ausgerüstet, das Wort mit Kraft weiterzugeben: Fast 100.000 Teilnehmer kommen zur Feuerkonferenz.

Oben: Zur großen Freude der versammelten Menge demonstriert dieser Junge, dass er hören kann, während ein anderer (links) seine Heilung von Blindheit bezeugt. Bei jeder einzelnen Evangelisation wird für Kranke gebetet und Menschen geben Zeugnis von der heilenden Berührung Gottes.

Gegenüber: Geheilt von Taubheit. Dieser Mann demonstriert, dass er jetzt hören kann.

Links: An jedem Abend reagieren ganze Menschenscharen auf den Bekehrungsaufruf, erhalten von Seelsorgern ihr persönliches Nacharbeitsbüchlein „Now that you are saved" und werden zu einer lokalen Gemeinde eingeladen.

UROMI

Licht in der Finsternis – Freiheit für die Bedrückten

Über 140.000 Menschen erleben am Samstagabend, wie Hexereigegenstände abgeliefert und verbrannt werden. Flüche werden gebrochen, Bedrückte frei und Kranke gesund.

Genau 1.758.144 einzelne Entscheidungskarten für Jesus Christus
wurden während der Großevangelisation in Ogbomosho gezählt.

Bereits eine Stunde bevor Reinhard Bonnke
und sein Team ankommen, ist das Evangelisationsgelände von Menschen überlaufen, die
begierig danach sind, die lebensverändernde
Botschaft des Evangeliums zu hören.

Voller Freude bewegt sich der Menschen-
strom auf das Evangelisationsgelände zu.
An jedem Abend wird in den Straßen
ausgelassen gefeiert.

Ogbomosho

Menschenscharen im Tal der Entscheidung!

Mehrere zehntausend Gemeindeleiter und -mitarbeiter erhalten ein kostenloses Exemplar des Buches *Evangelism by Fire* (in Deutsch: *Wenn das Feuer fällt*). Das Buch von Reinhard Bonnke inspiriert zur Evangelisation in der Kraft des Heiligen Geistes.

FEUERKONFERENZEN

Überall auf der Welt bietet CfaN Feuerkonferenzen für Gemeindeleiter und Evangelisten an: „Wir müssen das Evangelium in der Kraft des Heiligen Geistes predigen. Es ist der Geist, der einst schon die Propheten inspirierte und der heute auf alles Fleisch ausgegossen ist."

Über 95.000 einheimische Pastoren, Leiter und Mitarbeiter bilden eine beeindruckende Zuhörerschar auf der Feuerkonferenz in Abuja, Nigeria.

Jesus führte

ein Leben wie jeder von uns,

mit einem geregelten Alltag und Arbeit.

Aber dann geschah etwas mit ihm –

und das hatte es noch bei niemandem gegeben.

Er wurde der erste Mensch des Heiligen Geistes

und vollbrachte große Werke.

Nicht nur, weil er Gott war,

sondern durch seine Salbung.

KAPITEL 9

Der Christus des Geistes

Wenn Jesus Gott ist, warum wurde er dann mit dem Heiligen Geist gesalbt? Er war doch das Fleisch gewordene Wort – konnte es mehr geben? Musste er wirklich noch gesalbt werden? Nun, hier liegt etwas wirklich Bedeutungsvolles vor!

Jesus lebte 30 Jahre lang unbekannt und durchlief all die Phasen im Leben eines Mannes. Doch er tat dies unvergleichlich vollkommen, wie Gott selbst es vom Himmel her bezeugte: *„Du bist mein geliebter Sohn, an dir habe ich Wohlgefallen gefunden"* (Markus 1,11). Brauchte Jesus nach dieser göttlichen Bestätigung noch den Heiligen Geist? Wie immer wir darüber denken – Tatsache ist, dass bei diesem Eintritt Jesu in die Öffentlichkeit Folgendes geschah: *„Als Jesus getauft war, stieg er sogleich aus dem Wasser herauf; und siehe, die Himmel wurden ihm geöffnet, und er sah den Geist Gottes wie eine Taube herabfahren und auf sich kommen"* (Matthäus 3,16). Das Johannes-Evangelium macht deutlich, dass Gott seinen Geist *„in grenzenloser Fülle gibt"* (Johannes 3,34 GN).

In Apostelgeschichte 10,38 lesen wir, *„wie Gott Jesus von Nazareth mit Heiligem Geist und Kraft gesalbt hat, und wie dieser umherzog und Gutes tat und alle heilte, die vom Teufel überwältigt waren; denn Gott war mit ihm."* (SCH) Und eine Prophetie Jesajas bezog Jesus auf sich selbst: *„Der Geist des Herrn ist auf mir, weil er mich gesalbt hat, Armen frohe Botschaft zu verkündigen ..."*

(Lukas 4,18; Jesaja 61,1). Johannes der Täufer wusste, er würde Jesus daran erkennen, dass er *„mit Heiligem Geist und Feuer"* tauft (Matthäus 3,11). Das Kennzeichen des Christus bestand darin: Er war der Eine mit dem Heiligen Geist und würde uns mit dem Geist taufen.

Jesus lebte als Mensch, aber dieses Leben wurde zur größten, wunderbarsten Inspiration aller Zeiten. Oft hört man Menschen sagen, dass sie gern wie Jesus wären, ihr Leben seinem Leben angleichen, seinen Charakter und sein selbstloses Opfer nachahmen möchten. Das ist auch richtig so. Wenn wir aber so sein wollen wie er, dürfen wir einen Kernpunkt nicht übersehen: Jesus war vom Heiligen Geist erfüllt. Wenn er unser Vorbild sein soll, müssen wir die eine große Tatsache einbeziehen, die ihn zu dem machte, der er war: den Heiligen Geist. Schon sein Titel „Der Gesalbte" sagt alles; denn so lautet die Bedeutung von „Messias". Das Wort, der Gesalbte – das ist Jesus.

Das Lukas-Evangelium betont nachdrücklich den Heiligen Geist – speziell in Verbindung mit Christus. Zunächst geschah es, dass *„der Heilige Geist in leiblicher Gestalt wie eine Taube auf ihn herabstieg"* (Lukas 3,21f). Anschließend kehrte Jesus *„voll Heiligen Geistes ... vom Jordan zurück und wurde durch den Geist in der Wüste vierzig Tage umhergeführt"* (Lukas 4,1), bevor er *„in der Kraft des Geistes nach Galiläa zurückkam"* (Lukas 4,14). Dort zitierte er Jesaja: *„Der Geist des Herrn ist auf mir"* (Lukas 4,18) und fügte hinzu: *„Heute ist diese Schrift vor euren Ohren erfüllt"* (Lukas 4,21).

Niemand kann ohne den Heiligen Geist das sein, was Jesus mit dem Geist war, zumal er Gottes Sohn war und wir „nur" Menschen sind. Wenn er unser Vorbild ist und wir so sein sollen wie er, dann müssen auch wir den Geist Gottes empfangen. Viele sprechen gern davon, Jesus nachzufolgen, dorthin zu gehen, wo er hinging, doch sie scheitern, noch bevor sie begonnen haben, weil sie nicht wie er mit dem Geist erfüllt sind. Jesus lebte durch den Geist. Er war der Christus des Geistes. Es gibt keinen anderen Christus. Seine Erfahrung als Mensch bedurfte des Heiligen Geistes, und das sollte auch für uns gelten.

> Jesus zeigte uns, wie er als Menschensohn lebte, damit wir wissen, wie wir als Gotteskinder leben können.

Jesus gab nicht nur sein Leben für uns hin. Er wurde auch dazu geboren und lebte für uns, um uns zu zeigen, wie wir das sein können, was wir sein sollen. Jesus durchlief persönlich die Gesamtheit des menschlichen Lebens – Geburt, Wachstum, Arbeit … und ein grundlegendes Element dabei war der in ihm wohnende Geist. Dies ist ein Vorbild für das Leben jedes Christen. Wenn wir Jesu Leben anschauen, drohen wir leicht zu verzweifeln, weil wir eine solche göttliche Herrlichkeit auch nicht ansatzweise widerspiegeln können. Aber so war es ganz und gar nicht gedacht. Jesus zu betrachten, sollte uns mit Hoffnung erfüllen und nicht mit Schuldgefühlen beladen. Gott war mit ihm und Gott ist mit uns – dies ist das Allerwichtigste. Jesus zeigte uns, wie er als Menschensohn lebte, damit wir wissen, wie wir als Gotteskinder leben können.

Die herrliche Wahrheit von der Gegenwart des Heiligen Geistes gehört zu den größten Freuden im Christenleben. Es ist nur

schwer verständlich, warum die frühe Kirche anscheinend innerhalb einer Generation das verloren hat, was wir als biblisch-charis-
matische Lehre und Erfahrung verstehen, die doch so eindeutig
im Wort Gottes verankert sind. Zu dieser Aussage gelangen wir
durch unsere – allerdings begrenzte – Kenntnis jener Tage und
einige Zeugnisse der frühen Kirchenväter im ersten Jahrhundert.
Sie sprachen durchaus vom Heiligen Geist in Christus, betonten
aber hauptsächlich, dass er als Teil der Gottheit existiere. Über die
Erfahrung des Heiligen Geistes hatten sie wenig zu sagen. Ignatius
von Antiochien, der etwa 110 n. Chr. als Märtyrer starb, war ein
Jünger des Apostels Johannes. Er erwähnte zwar den Heiligen
Geist, doch kann er kaum als Charismatiker bezeichnet werden.
Ähnliches gilt auch für Basilius den Großen von Cäsarea, gebo-
ren um 330 n. Chr. Sie und andere bestätigten, dass Christus den
Heiligen Geist in sich trug und vom Geist geleitet wurde, doch
mehr oder weniger abstrakt.

> Die Gemeinde
> wünscht sich keine
> abgestorbenen
> Körperteile,
> keine eingeschlafenen
> Füße, sondern dass
> jeder Einzelne voll
> Geistesleben ist.

Einer der großen Namen bald nach
den Aposteln war Polykarp, der um
160 n. Chr. den Märtyrertod durch
Feuer und Schwert starb. Seine berühmten Worte gehören zur Schatzkammer
christlicher Elite. Als alter Mann wollte Polykarp lieber sterben, als seinen
Gott zu verleugnen, und er sprach: „Schon 86 Jahre diene ich
ihm, und er hat mir kein Leid getan. Wie kann ich meinen König,
der mich erlöst hat, lästern?" Uns liegt ein Brief vor, den er etwa
70 Jahre nach den Aposteln schrieb und in dem er den Heiligen
Geist nicht ein einziges Mal erwähnt. Das ist umso erstaunlicher,
als Ignatius, der Jünger des Apostels Johannes, sein Freund war.

Tatsächlich bleibt nicht nur der Heilige Geist in diesem berühmten Brief eines berühmten Christen unerwähnt. Auch Polykarps Heilsverständnis scheint sich von der Rettung allein durch Gottes Gnade mehr in Richtung guter Werke verschoben zu haben. Dass der Glaube über weite Strecken zu einer mühsamen Sache wurde, ist schon ein Erbe jener frühen Jahre. Während der römischen Christenverfolgungen sah man den Märtyrertod zunehmend als sicheren Weg zum Himmel an. Einige wollten so gern für Christus sterben, dass ein römischer Richter rätselte, wie elend es diesen Christen wohl gehen musste, dass sie derart willig den Tod auf sich nahmen! Über viele Jahrhunderte, in denen Bibeln spärlich vertreten waren und selten geöffnet wurden, versuchten aufrichtige Männer und Frauen, Gottes Gunst und Hilfe durch Selbstverleugnung, Gebet, Fasten, Buße und besondere Werke auf sich zu lenken. Sie bemühten sich, durch Leistung und nicht durch Gnade heilig zu sein.

Es gab zwar jene kurze Zwischenphase, in der die Nachfolger des Montanus für ihre leidenschaftliche Anbetung im Geist bekannt wurden. Doch man stempelte sie als Häretiker ab und vernichtete sie um 220 n. Chr. als Sekte. Fast zwei Jahrtausende vergingen, bis man erkannte, dass die Wahrheit von Pfingsten jedem Gläubigen gilt. Ein Tag, wie in Apostelgeschichte 2,4 beschrieben, war nicht nur den Aposteln vorbehalten, sondern galt, wie Petrus es ankündigte, *„allen, die in der Ferne sind, so viele der Herr, unser Gott, hinzurufen wird"* (Apostelgeschichte 2,39). Die Wahrheit des Heiligen Geistes wurde lange von anderen Fragen und Lehren überschattet. Wir brauchen aber den Heiligen Geist in unserer Schwachheit und Unvollkommenheit, damit unser Zeugnis wirksam ist.

Der Gott-Mensch

Die Kirche glaubte, dass Jesus Gott war – eine herrliche, wunderbare Wahrheit. Seine Fleischwerdung und Göttlichkeit bestimmte jahrhundertelang die kirchliche Lehre. Man betrachtete seine Wunder als Kennzeichen seiner Gottheit und Manifestation seiner ihm eigenen göttlichen Kraft. Er verwandelte Wasser in Wein und *„offenbarte seine Herrlichkeit"* (Johannes 2,11). Er heilte viele kranke und von Dämonen besessene Menschen. Seine Gnade ließ eine Prostituierte Tränen der Buße weinen. Diese Wunder feiert man heute als Geschehnisse jener Tage, als Gott in menschlicher Gestalt auf der Erde wandelte. Wir wissen, dass es der Mensch gewordene Gott war, der solche Taten vollbrachte. Diese Wahrheit ist grundlegend. Der Eine, der uns liebte und zu uns kam, war der Herr vom Himmel. Seine Arme, die er um die Schultern abgekämpfter Männer und weinender Frauen legte, waren die mächtigen Arme Gottes. Dies erfüllt uns heute mit Freude und wird es immer tun.

Und doch waren Jesu Werke auch der Beweis für eine weitere Tatsache neben seiner eigenen Göttlichkeit: Er war gesalbt worden, um solche Werke tun zu können – der Gott-Mensch, erfüllt vom Heiligen Geist. Jesus führte ein Leben wie jeder von uns, mit einem geregelten Alltag und Arbeit, aber dann geschah etwas mit ihm – und das hatte es noch bei niemandem gegeben. Er wurde der erste Mensch des Heiligen Geistes und vollbrachte große Werke, nicht nur, weil er Gott war, sondern durch seine Salbung (Lukas 4). Er war eine Persönlichkeit mit souveränem Willen, wurde aber vom Heiligen Geist partnerschaftlich begleitet. Jesu Wirken geschah nie in falscher Selbstsicherheit. Er war der Mann

des Geistes und das Instrument des väter-
lichen Willens. Jedes Wunder war das
Wunder der gesamten Dreieinigkeit.

Die Bibel porträtiert Jesus nicht als einen Gott, der auf die Erde hinabsteigt,
für eine kurze Zeit das Unmögliche
vollbringt und hier und da Gaben

> Der Heilige Geist
> bildet den Leib und
> fügt seine lebendigen
> Elemente zusammen;
> Die Gemeinde ist
> Gottes dynamische
> Kraft auf Erden.

verteilt. Von Anfang an war Jesus eins mit Gottes Geist. Bei der
Ankündigung seiner Geburt sagte der Erzengel Gabriel: *„Der
Heilige Geist wird über dich kommen, und die Kraft des Höchsten
wird dich überschatten; darum wird auch das Heilige, das geboren
werden wird, Sohn Gottes genannt werden"* (Lukas 1,35). Schon
mit der Geburt und im ganzen weiteren Leben war Jesus vom
Heiligen Geist. Als er an die Öffentlichkeit ging, um sein Werk als
Christus zu beginnen, kam der Geist sichtbar zu ihm und verbün-
dete sich sichtbar mit ihm. Für Johannes, den Täufer, unterschied
sich Jesus von andern durch seinen Geistescharakter – er war der
Eine, dem Gott den Geist gab und der aus seiner Fülle heraus mit
dem Heiligen Geist tauft.

Heute erfassen wir diesen ermutigenden Grundgedanken schon
mehr. Um den Heiligen Geist zu sehen, schauen wir Jesus an.
Jesus ist der Offenbarende. Er sagte seinen Jüngern: *„Wenn
ihr mich erkannt habt, werdet ihr auch meinen Vater erkennen"*
(Johannes 14,7). Für die Gläubigen war der Heilige Geist noch
nicht gekommen, aber Jesus führte sie hinein ins Königreich
Gottes und dessen Kraft, die Kraft, die allen gegeben werden sollte, die darum bitten. Jesus hatte die Fülle des Heiligen Geistes.

Jesus wirkte nicht losgelöst selbstständig als Gott. So ist Gott nie. Es ist wunderbar zu wissen, dass alles, was Gott für uns tut – retten, heilen, leiten, segnen – dem Herzenswunsch von Vater, Sohn und Heiligem Geist entspricht. Die gesamte göttliche Dreieinigkeit steht dahinter. Was immer hier auch getan wird, trägt das besondere Handlungsmerkmal jedes einzelnen Mitglieds der Gottheit.

Eine Frage ist immer wieder gestellt worden: Heilte Jesus die Menschen durch Gaben des Geistes oder aufgrund seiner eigenen Göttlichkeit? Keines von beidem trifft zu. Jesus sagte: „*... dass ich nichts von mir selbst tue, sondern wie der Vater mich gelehrt hat, das rede ich. Und der mich gesandt hat, ist mit mir; er hat mich nicht alleingelassen, weil ich allezeit das ihm Wohlgefällige tue*" (Johannes 8,28f). Was Jesus tat, tat er durch den Heiligen Geist und nicht im Alleingang durch eigene, isolierte Göttlichkeit. Jesus ist kein Einzelgänger. Als er einen Blinden heilte, nannte er es *„die Werke Gottes"* (Johannes 9,3). Keine Person der Dreieinigkeit handelt unabhängig von den andern. Alle Wunder dieser Welt tragen auch die Handschrift des Heiligen Geistes. Und Jesus, der Fleisch gewordene Gott, lebte weiter in Abhängigkeit vom Vater und vom Geist.

Der Heilige Geist wird auch der *„Geist Christi"* genannt (1. Petrus 1,11). Er ist also der Geist, der sich mit und in Jesus bewegte. Der Geist und Christus gehören zueinander. Die Evangelien zeichnen uns ein unverfälschtes göttliches Porträt von Jesus. Er war das Werkzeug des Geistes und der Geist das Werkzeug des Vaters.

Dieses Bild von dem Christus des Geistes, der vom Geist geleitet wird (Lukas 4,1), ist Gottes Idealbild für alle, die ihn lieben.

Es steht auch für Gottes Plan mit der Gemeinde – die *„Gemeinde ..., die sein Leib ist"* (Epheser 1,22f). Was Christus in seiner körperlichen Gestalt war, ist die Gemeinde heute. Jesu Hingabe an den Willen Gottes und sein lebendiges Wirken durch den Geist bilden das neutestamentliche Ideal für die Gemeinde. Tatsächlich handelt der Heilige Geist, wenn wir handeln, und das geht gut, wenn wir uns vom Geist leiten lassen. Ohne den Geist verlaufen unsere Bemühungen im Sande. Wir müssen zwischen Selbstgefälligkeit, Arroganz, Vermessenheit und einem an Gott geknüpften Glauben unterscheiden. Denn selbst Jesus als leibhaftiger Gott betonte, aus sich selbst heraus keine Taten zu vollbringen, sondern stets als das Werk des Vaters.

Die geisterfüllte Gemeinde verkörpert den geisterfüllten Jesus

Das in 1. Korinther 12 dargestellte Bild der Gemeinde ist wirklich verblüffend. Uns wird hier nicht nur die beabsichtigte Einheit der Gemeinde aufgezeigt, sondern auch die Rolle des Heiligen Geistes in seinem ganzen Wirken und Wesen. Wie Paulus darlegt, besteht der Leib aus vielen Gliedern, *„jedem aber wird das offenbare Wirken des Geistes zum allgemeinen Nutzen gegeben"* (1. Korinther 12,7 SCH). Jedem, nicht nur dem Pastor oder den Ältesten – einfach jedem! Kein Glaubender befindet sich hier auf einem höheren geistlichen Niveau als ein anderer. Die „Klasse" der Pastoren ist kein Ausweis geistlicher Überlegenheit. Gott unterscheidet nicht zwischen Priestern und Laien, denn der Heilige Geist ist bei jedem Einzelnen. Auch wenn er auf viele verschiedene Arten und Weisen handeln kann, haben wir alle dieselbe Salbung, sofern wir überhaupt gesalbt sind. *„Denn in einem Geist sind wir alle zu einem Leib getauft worden ... und sind alle mit einem Geist getränkt worden"* (1. Korinther 12,13).

Die Gemeinde wünscht sich keine abgestorbenen Körperteile, keine eingeschlafenen Füße, sondern dass jeder Einzelne voll Geistesleben ist. Der Heilige Geist bildet den Leib und fügt seine lebendigen Elemente zusammen; nun muss der ganze Leib nur noch zusammenarbeiten und vereint in eine Richtung gehen. Die Gemeinde ist Gottes dynamische Kraft auf Erden. Uns wird von der „Einheit des Geistes" berichtet. Wir sind dafür verantwortlich, die Einheit beizubehalten, aber der Heilige Geist ist das vereinende Element. Er hält uns zusammen – wenn wir zusammen sein wollen.

> Der Heilige Geist wartet auf das Wort und wird sich überall offenbaren, wo das Wort verkündet wird.

Die Gaben des Geistes, von denen einige in diesem 12. Kapitel des 1. Korintherbriefs genannt werden, sind keine Exklusivorden für besondere Mitglieder. Sie werden in die Gemeinde hineingelegt, weil die Gemeinde sie braucht. Paulus mag Listen. In Epheser 4,11 zählt er einige der Glieder auf, die die Gemeinde braucht: *„Apostel, Propheten, Evangelisten, Hirten und Lehrer"*. Andere werden aber auch benötigt, und so erweitert Paulus seine Liste in 1. Korinther 12,28: *„Apostel, Propheten, Lehrer, Wunderkräfte, Gnadengaben der Heilungen, Hilfeleistungen, Leitungen, Arten von Sprachen"*. Sie alle werden gleichermaßen benötigt und vom Herrn in die Gemeinde gegeben. Geisterfüllte Gläubige sind an der Kirchentür genauso nötig wie auf der Kanzel.

Gottes Formel lautet: Die geisterfüllte Gemeinde verkörpert den geisterfüllten Jesus weltweit. Sein Werk der Heilsverbreitung und Hilfe will er durch den Heiligen Geist tun. In den Einsetzungsworten des Abendmahls sagen wir, dass wir unseres Herrn „gedenken", bis „er kommt". Wir denken an ihn als einen, der abwesend ist, aber zurückkehren wird, jedoch auch als den, der durch seinen Geist immer gegenwärtig ist. Wir besitzen seine Gegenwart durch den einfachen Akt des Glaubens und nicht, indem wir geistliche Barrieren durchbrechen, um zu ihm zu gelangen. Vieles, was sich innerhalb von Gemeindewänden abspielt, wirkt wie ein Suchen nach Gott, als wäre er uns verloren gegangen und wir müssten ihn finden. Dabei ist es so: Der Heilige Geist wartet auf das Wort und wird sich überall offenbaren, wo das Wort verkündet wird.

Die gütigen Worte Jesu, sein Mitgefühl, seine heilenden Hände, seine Liebe, seine Geduld als Lehrer, sein beständiger Charakter – diesen Jesus braucht die Welt. Durch den Heiligen Geist kann man ihn auch heute noch mit all seiner heilenden Gnade hören und antreffen – in der Gemeinde! Wir sind seine Stimme, seine Augen, seine Füße, seine Hände, wenn wir seinen Heiligen Geist haben, der unsere Bemühungen antreibt. *„Nicht durch Macht und nicht durch Kraft, sondern durch meinen Geist, spricht der Herr der Heerscharen"* (Sacharja 4,6).

Gott hat selbst

bescheidenste Mittel verwendet,

um sich zu offenbaren.

Erinnern wir uns,

wie er zu Mose durch

einen einfachen Dornbusch redete.

Warum sollte er nicht durch

einfachste Menschen sprechen?

KAPITEL 10

Zungenrede

Teil 1

Die 17-jährige Karen wusste, was die Taufe im Heiligen Geist ist. Sie nahm an einer christlichen Konferenz teil und saß gerade im Gottesdienst, als der Heilige Geist auf sie kam. Nie zuvor hatte sie so etwas erlebt. Kaum fassend, was da geschah, begann sie in „Zungen" zu sprechen. Nicht, dass sie soeben etwas darüber gehört oder eine Anleitung bekommen hätte. Sie erwartete den Heiligen Geist, aber nicht gerade jetzt. Es war Gottes Zeitpunkt, sein souveräner Akt der Gnade. Karen sprach an diesem und dem nächsten Tag mehr in Zungen als Englisch. Heute, über 20 Jahre später, ist sie eine Geschäftsfrau, Mutter einer wundervollen Familie, Mitglied einer großen Gemeinde und eine dynamische, wirklich gesalbte Mitarbeiterin, ist eine herausragende Abteilungsleiterin und segnet Hunderte von Menschenleben.

George saß unter 150 Menschen in einem Abendmahlgottesdienst. Der Pastor sprach ein prophetisches Wort: „Wenn du diese Zeichen Christi zu dir nimmst, wirst du mit dem Heiligen Geist erfüllt werden und ein trefflicher Pfeil in Gottes Köcher sein." George, 14 Jahre jung und aus ärmlichen Verhältnissen kommend, wusste direkt, dass Gott einzig und allein zu ihm sprach. Als er das Brot nahm, spürte er die überwältigende Gegenwart und Macht Gottes, kniete nieder und weinte vor Ergriffenheit. Der Gottesdienst war sehr ruhig. Da George nicht stören wollte, presste er ein Taschentuch vor den Mund. Seine Mutter, die neben ihm saß, sagte: „George, nimm das Taschentuch vom Mund!" Er tat es – und begann augenblicklich fließend in einer ihm unbekannten Sprache zu reden, womit er auch tags darauf im Gebet weitermachte. Neben der Zungenrede schenkte Gott ihm auch die Gewissheit, dass er zu einem besonderen Dienst ausersehen war. Nun blickt er zurück auf ein mit vielen Talenten und Fähigkeiten gesegnetes Leben. Rund um die Welt diente er Gott auf verschiedenste Art und hat unzählbar viele Menschen für ihn erreicht. Das bewirkt die Taufe im Heiligen Geist.

Diese wundervollen Erfahrungen sind aber keine Einzelfälle: Millionen von Menschen haben heute ein ähnliches Zeugnis, und zweifellos war es in der Vergangenheit ähnlich. Das Versprechen der Schrift ist eindeutig, es kommt schon fast einem Befehl gleich: „*Werdet voller Geist!*" (Epheser 5,18). Solche Anweisungen sind für Gläubige, nicht für Gottlose. Jeder Christ auf Erden sollte und kann mit dem Heiligen Geist erfüllt werden. Ohne den Heiligen Geist läuft der Glaube auf Schwachstrom. Doch Kraft von Gott ist erhältlich!

Das Hoheitszeichen des Heiligen Geistes in der globalen Erweckung ist das „Sprechen in Zungen" (griechisch: *glossolalía*). Es ist keine neue Mode oder ein Kult für Schwächlinge. Es ist biblisch normales Christentum, untermauert von gesunder Theologie und auf Forschung in der Schrift basierend. Der Apostel Paulus sagte, er spreche mehr in Zungen als sonst jemand (1. Korinther 14,18). In der Urkirche war es übliche Praxis und überhaupt nichts Außergewöhnliches.

Der Segen des Zungenredens hat viele Dimensionen, die im Neuen Testament auch angesprochen werden. Wir konzentrieren uns auf die folgenden wesentlichen Aspekte.

Im Neuen Testament ist der Heilige Geist immer mit übernatürlichen Manifestationen verbunden. Wenn eine solch fassbare Beglaubigung ausblieb, sah man es als Hinweis an, dass Menschen den Heiligen Geist nicht empfangen hatten. Der erste europäische Bekehrte war Kornelius in Cäsarea. Er und alle, die mit ihm das Evangelium hörten, wurden mit dem Heiligen Geist getauft und redeten in Zungen. Die Apostel nahmen es als Zeichen dafür, dass die Heiden von Gott angenommen wurden (Apostelgeschichte 11,15-17).

In Ländern wie Österreich und Frankreich werden Gemeinden des Heiligen Geistes gern als „Sekte" betrachtet. Aber die ersten Christen waren genau solche Menschen des Heiligen Geistes. Waren sie also auch eine „Sekte"? Die Pfingstler zählen 250 Millionen Menschen, hinzu kommen etwa gleich viele Charismatiker. Ihre Zahl steigt tagtäglich und macht das pfingstlich-charismatische Lager zur zweitgrößten christlichen Gruppierung der Welt. Eine sonderbare Sekte! Neun von zehn hinzukommenden Christen, ungeachtet der konfessionellen Zugehörigkeit, gehören dieser Gruppe an. Es mündet ein in den größten je da gewesenen evangelistischen Zustrom für das Reich Gottes. Neunzig Prozent des Zuwachses erfolgen aufgrund der Taufe im Heiligen Geist samt darauf folgenden Zeichen.

Diese Erfahrung ist eine Realität. Denen, die darin leben, bringt sie die Sicherheit, dass Gott sich absolut zu seinen Zeugen gestellt hat und an ihrer Seite bleiben wird. Ihre Erwartungen ruhen nicht auf der eigenen geistlichen Fähigkeit, die Kraft des Heiligen Geistes anzuziehen, sondern allein auf Gottes Treue. Auch das ist so, wie es zu Zeiten der ersten Christen war: *„Was verwundert ihr euch hierüber, oder was seht ihr so gespannt auf uns, als hätten wir aus eigener Kraft oder Frömmigkeit bewirkt, dass er gehen kann?"* sagte Petrus. *„Der Gott [...] unserer Väter hat seinen Knecht Jesus verherrlicht"* (Apostelgeschichte 3,12f). All dies wirkt der Heilige Geist, der jetzt ganze Völker bewegt.

Unsere eigenen internationalen Großevangelisationen als Missionswerk unternehmen wir nicht ohne die Unterstützung aller oder zumindest der meisten unterschiedlichen Gemeinden in der jeweiligen Region. Die Versammlungen ziehen ein Menschenmeer zusammen, so weit das Auge reicht, und leeren die Städte. Während dieses Kapitel im August 2006 geschrieben wurde, führten wir eine wesentlich kleinere Evangelisation als gewöhnlich durch: Wukari (Nigeria) hat nur 160.000 Einwohner. In Lagos hingegen überstieg die Teilnehmerzahl die Millionengrenze. Seit 25 Jahren halten wir neben den öffentlichen Hauptversammlungen tagsüber auch Feuerkonferenzen ab, um die christlichen Mitarbeiter in Menschengewinnung zu inspirieren und zuzurüsten. Hunderte Male brach Gott bei diesen Versammlungen mit regelrechten Massentaufen im Heiligen Geist durch, sodass Zehntausende gleichzeitig in Zungen redeten und Gott in einer Lautstärke priesen, dass die Hölle erzitterte. Ich kann vor Gott bezeugen, dass ich miterlebt habe, wie über eine Million Menschen innerhalb von drei Minuten die Taufe im Heiligen Geist empfingen. *„Mein Geist auf alles Fleisch!"* (Apostelgeschichte 2,17; Joel 3,1), so hallt es immerzu in meinem Herzen.

Teil 2

Einige Jahrhunderte vor Jesus machte der Prophet Joel eine Aussage, die sich wie verrücktes Gerede angehört haben muss: *„Ich* [werde] *meinen Geist ausgießen über alles Fleisch* [...] *Und selbst über die Knechte und über die Mägde werde ich in jenen Tagen meinen Geist ausgießen"* (Joel 3,1f). Für Israel befand sich Gott auf der andern Seite einer riesigen Mauer von Gesetzen, Regeln, Riten und Zeremonien. Die Treppe zu Gott war so heilig, dass nur der begünstigste Priester hinaufgehen konnte. Hätte Joel gesagt, dass Menschen auf dem Mond umherlaufen würden, hätte es sich für seine Zuhörer nicht unwahrscheinlicher angehört. Und doch gießt Gott heute seinen Geist aus, ebenso wie Menschen auf dem Mond spazieren. Genau das beschreiben wir hier, etwas, was Gott geplant hat und wir jetzt genießen – Joels Prophetie, das Jahrhundert des Heiligen Geistes.

Die Taufe im Heiligen Geist ist weder eine geistliche Haltung noch ein bloßer konfessioneller Lehrsatz. Man lernt nicht, in Zungen zu reden. Die Taufe ist keine Leistung. Hier handelt Gott. Wir sind schlicht Empfänger seiner freien Gnade.

Dieses Buch erinnert daran, wie sich die Menschheit zur Zeit der Weltkriege und um die Mitte des 20. Jahrhunderts in einer Art völliger geistlicher Stagnation zu befinden schien. Dann kam das, was man heute die „charismatische Erneuerung" nennt. Sie berührte alle kirchlichen Bereiche und hatte besonders unter katholischen Leitern Einfluss. Zuerst war sie *„eine Wolke, so klein wie die Hand eines Mannes"* (1. Könige 18,44) und kündigte Regen an. Dann begann der versprochene „Spätregen" in Strömen zu fallen, um es in Joels Worten auszudrücken (Joel 2,23). Heute erfährt die gesamte christliche Welt eine Belebung. Riesige Ernten werden eingefahren, ungeheure Menschenmengen nehmen das Evangelium an und bekehren sich zu Christus. Es ist eindeutig das, was Joel vorausgesagt hat. Welches göttliche Kennzeichen ist noch nicht gegeben?

Während des 19. Jahrhunderts entwickelte sich eine wachsende Gebetsbewegung. Die Wiederkunft Christi wurde für das Jahr 2000 erwartet und das 20. Jahrhundert als die vielleicht letzte Möglichkeit zur Evangeliumsverkündigung gesehen. Gebetskrieger bestürmten Gott um Erweckung. Sie baten um Kraft, die weltweite Arbeit ausführen zu können. Jetzt sehen wir, wie wirkungsvoll ihre Gebete waren, denn heute geschieht etwas, was mächtiger ist, als sie bitten oder sich vorstellen konnten. Die Erweckung in Wales von 1904 bis 1906 war ein klassisches Ereignis dieser Art. Seitdem haben Menschen für eine weitere Erweckung wie diese gebetet. Damals kamen vielleicht eine viertel Million Menschen zum Glauben. Der lebenslange Ruf Vieler lautete seitdem: „Herr, tu es wieder!" Es ist ja ganz natürlich, Gott darum zu bitten, etwas so Wunderbares wieder zu tun. Aber Gott sind keine Grenzen gesetzt und er hat vielleicht andere Pläne. Wir können uns glücklich schätzen, zu sehen, wie sie sich verwirklichen.

Wie bereits erwähnt, hat die Taufe im Heiligen Geist die aktuellen Evangelisationsbemühungen verändert, und wir sehen, dass Gott Menschen in einer nie gekannten Dimension rettet. Das Feuer des Heiligen Geistes fällt. Es entzündet alles, was es berührt, und verbreitet sich als heilige Feuersbrunst über alle Kontinente.

In der Welt der Antike glaubte man, Gott sei zu weit entfernt, als dass jemand vorgeben könne, ihn gut zu kennen. Selbst in Israel hielt man Personen, die sich als geistgetauft bezeichneten, für Betrogene oder aber Lästerer. Mit dem großen und schrecklichen Gott des Sinai in engem, persönlichem Kontakt sein? Das war doch schwachsinnig! Für solches Misstrauen sollten wir Mitgefühl haben, wenn wir selbst die grenzenlose Herrlichkeit des unendlichen Gottes genießen. „In Gott getauft" zu sein ist ja auch ein absolut überwältigender Gedanke – aber es ist nun einmal Gottes eigener Gedanke. Vollkommen wunderbar und vollkommen real! Schon bei dem Gedanken an den tiefen, majestätischen Weltraum mit seinen Spiralnebeln bekommen wir einen Schauer. Aber … der Heilige Geist, der sie alle hervorbrachte, ihr Schöpfer, ist weitaus überwältigender als seine Schöpfung.

Welche Reaktionen können wir erwarten, wenn Gott über uns kommt? Sicher so einiges! Die Psalmen geraten darüber in Poesie, wie Gott aus den verborgenen Orten seiner Macht hervortritt: *„Was war dir, o Meer, dass du flohest, dir, Jordan, dass du dich rückwärts wandtest? Ihr Berge, dass ihr hüpftet wie Widder, ihr Hügel gleichwie Lämmer? Vor dem Anblick des Herrn erbebe, du Erde, vor dem Anblick des Gottes Jakobs!"* (Psalm 114,5-7 ME). Im Alten Testament wird Gott auch „der Schrecken" genannt (1. Mose 31,42). Vor ihm, dem Heiligen, werden wir ganz klein. Das Wunder ist, dass er zu uns kommt – als der „Tröster" kommt! *„Deine Herabneigung machte mich groß"* (Psalm 18,36). Jesus, der uns alle leidenschaftlich liebt, sagte, er würde uns Gott den Heiligen Geist senden! Uns! Jedem von uns, nicht nur einigen ausgewählten Sterblichen, die mit einer Art geistlichem Silberlöffel im Mund geboren wurden.

Wenn er kommt, fangen manche an zu zittern, fallen um oder gehen in unsagbarer Emotion aus sich heraus. Das kann kaum überraschen. Es wäre seltsam, wenn Menschen hiervon nicht ergriffen würden. Als Gott auf dem Sinai herabkam, „[erbebte] *der ganze Berg heftig"* (2. Mose 19,18). Der Psalmist sagte: *„Ich schrie zu meinem Gott […] und mein Schrei vor ihm drang an seine Ohren. Da wankte und bebte die Erde […] denn er war von Zorn entbrannt"* (Psalm 18,7f). Gott der Heilige Geist ist sogar derselbe Geist, der Jesus durch die Kräfte der Unsterblichkeit von den Toten auferweckte.

In alten Erweckungsberichten lesen wir, dass Menschen wie betrunken wurden, seltsame Schreie ausstießen, Tiergeräusche machten, sogar wie Hunde bellten und auf Bäume kletterten. Einiges war offensichtlich neurotisch bedingt. Gott hat die Menschen sicher nicht auf die Bäume getrieben! Solche „Erweckungsszenen" sind in der Bibel nicht zu finden, aber zweifellos kann uns die Gegenwart des Gottes, der Himmel und Erde geschaffen hat, völlig überwältigen. Gott hat selbst bescheidenste Mittel verwendet, um sich zu offenbaren. Erinnern wir uns, wie er zu Mose durch einen einfachen Dornbusch redete. Warum sollte er nicht durch einfachste Menschen sprechen?

> Das Feuer des Heiligen Geistes fällt. Es entzündet alles, was es berührt, und verbreitet sich als heilige Feuersbrunst über alle Kontinente.

Die Reaktionen von Menschen, die mit dem Geist erfüllt werden, wurden oft als „Schaum" bezeichnet. Nun, zu einer mächtigen Ozeanwelle gehört auch Schaum. Manchmal wurde er künstlich hergestellt, simuliert; weder die Welle noch der Schaum waren echt. Wenn die Welle des

Heiligen Geistes auf eine Menschenmenge trifft, entsteht gewiss auch Schaum – echter Schaum. Niemand könnte so etwas fabrizieren. Kritiker sprechen bei den alten Erweckungen von Massenemotion, hypnotischem Druck und angesteckter Begeisterung. Dieses Buch befürwortet keine Massenhysterie, sondern das, was wahrhaft von Gott ist und nichts Geringeres als die persönliche Verheißung Christi. Er sendet seinen Geist und wir mögen auf die eine oder andere Art darauf reagieren, doch die Kenntnis des Wortes Gottes bietet uns Orientierung. Wir sind nicht an sinnlosem Schreien interessiert, denn der Heilige Geist gibt unseren Zungen Worte, Sprachenrede, keine blanke Emotion. *„Dies ist es, was durch den Propheten Joel gesagt ist"* (Apostelgeschichte 2,16).

> Der Vater sendet den Geist, um aus unseren Körpern seinen Tempel zu machen. Kann ein solches Ereignis stattfinden und danach alles so sein, als wäre nichts geschehen?

Der Vater sendet den Geist, um aus unseren Körpern seinen Tempel zu machen. Kann ein solches Ereignis stattfinden und danach alles so sein, als wäre nichts geschehen? Investiert Gott wirklich einen Menschen voller Auferstehungsleben, um ihn dann wie einen Gips-Buddha in der Ecke sitzen zu lassen? Die Schrift sagt, dass wir etwas ganz anderes erwarten können: *„Wenn aber der Geist dessen, der Jesus aus den Toten auferweckt hat, in euch wohnt, so wird er, der Christus Jesus aus den Toten auferweckt hat, auch eure sterblichen Leiber lebendig machen, wegen seines in euch wohnenden Geistes"* (Römer 8,11). *„Sterbliche Leiber lebendig gemacht"*, sollten eigentlich sichtbar werden! Besonders mit dieser Art von Leben – unsterblichem Leben! Schon der Ausdruck *mit dem Heiligen Geist getauft* ist dynamisch. Diese Taufe ist keine sakramentale Geste eines Priesters. Sie ist real.

C. S. Lewis weist darauf hin, dass wir Menschen für ein starkes Gefühl nur wenige Ventile haben. Wir können aufgrund von Emotionen lachen, schreien, rufen, weinen und krank werden. Dr. Lewis meint, die Zungenrede sei ein weiteres Ventil. Wir drücken uns auf diese Art aus, und so tut es auch der Heilige Geist in uns, sogar *„in unaussprechlichen Seufzern"* (Römer 8,26). Solche Äußerungen tragen sein Kennzeichen. Sicher wollte Gott kein Zeichen geben, das gewöhnlich, schwach und reizlos ist. Das Phänomen der *Glossolalie* ist eine außergewöhnliche Rarität und zu ausgefallen, um eine religiöse Erfindung zu sein. Es ist ein Ding von der Art, wonach wir selbst nie verlangen würden, hätte Gott es nicht als Erster versprochen. Es käme uns einfach nicht in den Sinn. Es ist Gottes Idee. Seine Gedanken sind so hoch über unseren Gedanken, wie der Himmel über der Erde. Er überraschte auch einen Mose mit dem seltsamen Anblick eines brennenden Busches. Zungenrede ist typisch für Gottes Handeln, aber kaum mehr überraschend, wenn wir erst einmal mit dem Heiligen Geist erfüllt wurden.

> Bei der Zungenrede kommen der menschliche und der göttliche Wille zusammen. Wir können nur so in Sprachen reden, wie der Geist uns befähigt. Wenn wir dann sprechen, ist es eine Art Gleichklang.

Teil 3

Es ist nur verständlich, wenn manche Menschen eine Blockade gegen die Zungenrede haben. Zungenrede bedeutet, sich Gott körperlich hinzugeben, nicht nur innerlich. Viele möchten gerne seinen Willen tun, aber bei der Zungenrede kommen der menschliche und der göttliche Wille zusammen. Wir können nur so in Sprachen reden, wie der Geist uns befähigt (Apostelgeschichte 2,4). Wenn wir dann sprechen, ist es eine Art Gleichklang.

Unsere gefallene Adamsnatur bewahrt strikt ihre Selbstbeherrschung. Aber wir gehören Gott. Wenn wir im Heiligen Geist getauft werden, erkennen wir seine Rechte an. Es mag eine Art instinktiven Widerstand geben, als wäre diese hineinkommende Kraft eine Invasion. Viele von uns reagieren unwillkürlich so: „Das bin ich, das ist mein Körper!"

Natürlicherweise wollen wir unser physisches Ego schützen, aber wenn, dann hat Gott allein über uns Rechte. Wenn der Geist sich durch uns äußert, macht Gott seine Rechte geltend, doch wir erhalten auch die vollkommensten Zusicherungen. Vielleicht sind wir jedoch ängstlich. Weil Jesus dies wusste, gab er zu bedenken: „*Wer unter euch gäbe seinem Sohn, wenn er ihn […] um einen Fisch bittet, eine Schlange?*" und versicherte: „*Wie viel mehr wird euer Vater im Himmel denen, die ihn bitten, Gutes geben!*" (Matthäus 7,9-11 ZÜ; vgl. Lukas 11,13). Um alle Spannungen bei uns zu lösen, erklärt 1. Korinther 6,19f die Situation so: „*Wisst ihr nicht, dass euer Leib ein Tempel des Heiligen Geistes in euch ist, den ihr von Gott habt, und dass ihr nicht euch selbst gehört? Denn ihr seid um einen Preis erkauft worden. Verherrlicht nun Gott mit eurem Leib!*" Gott ist ja nicht etwa sadistisch veranlagt und darauf aus, uns lächerlich aussehen zu lassen. In Zungen zu reden, ist vielmehr genau das, was Paulus den Korinthern schrieb: Gott auch mit unserem Körper zu ehren und sein Werk in uns gern zuzulassen.

Zungenrede ist ein wundervolles Zeichen dafür, dass wir für Gott erschaffen wurden, und zwar nicht nur geistlich, sondern in unserer menschlichen Gesamtheit. Gott liebt und beschäftigt sich mit Menschen, nicht nur mit Seelen. Ohne ihn sind wir nicht das, was der Schöpfer im Sinn hatte. Eine Person zu sein, wie der Meister sie geplant hat, bedeutet, voll von ihm zu sein. Bekehrung und Wiedergeburt bedeuten, das göttliche Wesen anzunehmen. Er verbindet sich selbst mit uns (2. Petrus 1,4). Jesus war menschlich und göttlich, der vollkommene Mensch. Die Vervollkommnung des menschlichen Lebens aber geschieht durch den innewohnenden Geist. Jesus war eine Person mit zwei Wesen. Er war nicht übernormal. Er war ein normaler Mann, menschlich und göttlich zugleich, kein Monstrum oder Mutation, sondern das Ideal. Seine Fleischwerdung zeigte uns die wundervollen Möglichkeiten des menschlichen Wesens. Gott schuf uns für sich, um sich in Liebe mit uns zu vereinen. Mit Gott verbunden sind wir, was wir sein sollten. Den Heiligen Geist zu empfangen ist die Krönung des Lebens.

> Gott drängt sich uns nie auf. Wir können uns zurückhalten und zugeknöpft bleiben; so dämpft und betrübt man den Geist.

Erfüllung mit dem Geist – diese einzigartig herrliche, herausragend wundervolle Möglichkeit gehörte von Anfang an zu Gottes Plan. Doch Gott drängt sich uns nie auf. Wir können uns zurückhalten und zugeknöpft bleiben; so dämpft und betrübt man den Geist. Dabei wurden wir doch befreit – von uns selbst: *„Ihr […] gehört nicht euch selbst"* (1. Korinther 6,19). *„Bringt eure Leiber dar als lebendiges, heiliges, Gott wohlgefälliges Opfer – das sei euer angemessener Gottesdienst"* (Römer 12,1 KJ).

Ist dazu die Sprachenrede nötig? Spricht jeder in Zungen, wenn er mit dem Heiligen Geist getauft wird? Diese Frage ist knifflig und daher nicht leicht zu beantworten.

Mit ihr hat sich vor vielen Jahren auch schon die große Pfingst-kirche Assemblies of God in den USA redlich beschäftigt, als es um die Aufnahme der wesentlichen Kennzeichen in ihre Glaubens-grundsätze ging. Denn man muss ja einräumen, dass Gott souverän ist und sich nicht an bestimmte unumstößliche Vorgehensweisen bindet. Aber er ist auch der Gott, der Treue hält. Die heidnischen Götter waren unvorhersehbar und heimtückisch, aber Israels Propheten erinnerten das Volk daran, dass der Herr sich selbst und seinen Versprechen treu bleibt. Gott könnte Menschen auch ohne begleitende Zeichen mit dem Heiligen Geist taufen, aber wir kön-nen Lehrsätze nicht auf Ausnahmen gründen. Zum Beispiel hat Jesus Menschen wie Maria Magdalena und Zachäus errettet, ohne dass sie vom Evangelium wussten. Wir besitzen keine unfehlbare göttliche Lehrautorität. Unsere Autorität ist allein das Wort Gottes. Und es liefert uns keinen anderen Beweis für die Geistestaufe als die Zungenrede. Wenn Gott etwas Außergewöhnliches tut, dann müssen wir nicht anmaßend sein und den Geist ohne Zungen verlangen.

Wenn jemand nach dem Geist ohne Zungenrede verlangt, bittet er um einen Rückschritt in die Ungewissheiten des 19. Jahrhunderts. Die Menschen brauchten ein Zeichen, um sicher zu sein, dass der Geist auf sie gekommen war. Alle, die heute den Geist ohne solch ein Zeichen wollen, haben das gleiche Problem wieder: Wie weiß man, dass man vom Heiligen Geist erfüllt ist? Diese Taufe ist so real, dass sie sichtbar werden muss. Gäbe es keinen greifbaren Beleg dafür, würde es so aussehen, als wäre nichts geschehen. Eine theologische oder gelehrte Theorie ist kein Ersatz dafür, dass der Geist uns mächtig erfüllt und in uns wohnt. Das kann nicht nebenher geschehen, sondern muss lebhaft und stark sein. Zugegeben, die Menschheit ist groß, wir sind nicht alle vom gleichen Schlag und die Erfahrungen variieren. Manche Menschen, die geistgetauft wurden, sprechen vielleicht nicht sofort in Sprachen. Vielleicht bezeugt irgendjemand irgendwo die Geistesfülle ohne wahrnehmbares Zeichen. Dennoch wollen wir die biblische Bestätigung dafür, dass es sich um die göttliche Verheißung handelt.

Die Medaille hat allerdings auch eine andere Seite: Nicht jeder, der in Zungen redet, wurde auch mit dem Heiligen Geist getauft. Damit wir unterscheiden können, gibt Paulus eine Richtschnur: Niemand, der durch den Geist spricht, verflucht Jesus (1. Korinther 12,3). Sonst handelt es sich um einen anderen Geist. Die, die falsch sind, etwas vorspielen oder vom Teufel inspiriert sind, können unschwer erkannt werden. Gott hat gesagt, dass er uns keinen Stein oder Skorpion geben wird, wenn wir ihn um gute Nahrung bitten (Matthäus 7,9; Lukas 11,12). Gebet zum Vater im Namen Jesu wird auch nur vom Vater und vom Sohn erhört.

Die Erkenntnis, dass Zungenreden das Zeichen des Heiligen Geistes ist, veränderte alles. Sie hatte globale Auswirkungen. Man sollte sie als die wohl wichtigste Entwicklung des frühen 20. Jahrhunderts verzeichnen. Erstmals hatten Gläubige auf breiter Front diese aufbauende Klarheit. Sie wussten, dass Gott sie mit der Kraft zum Zeugnis ausgestattet hatte. Neue Kühnheit ergriff sie, und die Evangelisation erreichte neue Ausmaße.

Es erscheint so einleuchtend, dass die Taufe im Heiligen Geist sichtbar werden muss. Warum hat man das nicht schon früher erkannt? Nun, es war nicht das Einzige, was nicht verstanden wurde. Gott ist immer noch der Gott, der Wunder tut, der Herr, der heilt. Doch auch diese Tatsache schien aus dem Blickfeld geraten zu sein und findet in theologischen Bibliotheken kaum Erwähnung. Inzwischen aber, und zwar schon im 19. Jahrhundert, wurde die Wahrheit göttlicher Heilung unter Evangelikalen und Heiligungsgruppen praktiziert.

Jeder wusste, dass der christliche Glaube auf dem Glauben an den handelnden Gott beruht, selbst wenn das Ergebnis seines Handelns nicht immer sichtbar war. Die Kirche aber warf alles, was Gott für die Christen tat, in einen Topf und führte es auf etwas zurück, was sie „Gnade" nannte. Gnade war keine Person, sondern eine Art heilige Kraft von Gott. Sie hatte ihren eigenen Willen und handelte mit souveräner göttlicher Autorität; zum Beispiel wählte sie aus, wer errettet werden sollte und wer nicht. (Wir besprachen dies schon in Kapitel 3.)

Die Pfingsterfahrung lenkte hier nun die Konzentration von der Gnade auf den Heiligen Geist. Im kirchlichen Glauben hatte die Gnadenlehre eigentlich keinen Raum für die Geistestaufe gelassen. Die Belange des Heiligen Geistes wurden von der „Tradition der Gnade" verdeckt. Bevor man die Taufe im Heiligen Geist verstehen konnte, musste erst das Wort selbst verstanden werden. Im Laufe des 19. Jahrhunderts entwickelte sich biblische Lehre in diese Richtung. In traditionellen Kreisen gewinnt die Wahrheit oft nur langsam Raum. Tatsächlich hatten viele den Heiligen Geist erfahren und redeten in Zungen, ohne zu wissen, was das

eigentlich war. Der Geist musste darauf warten, bis die Menschen
das Wort verstanden.

Es überrascht nicht, dass etwas so „Neues" auf Widerstand traf.
Das traditionelle Verständnis von Glauben als einer rein geistli-
chen Erfahrung war tief im allgemeinen Glauben verwurzelt. Zur
Widerlegung erarbeiteten Bibellehrer wie z. B. Benjamin Warfield,
Direktor des Princeton Theological Seminary, neue Bibel-
auslegungen. Man startete Argumentationen gegen die Zungen-
redner und forderte sie auf, „nach Frucht und nicht nach Gaben"
zu streben. Den Bibelschülern war nicht mehr geläufig, dass die
Bibel sagt: *„Hindert das Reden in Sprachen nicht! Strebt nach der
Liebe; eifert aber nach den geistlichen Gaben!"* (1. Korinther 14,39;
14,1). Schreckliche Geschichten über angebliche Geistesstörungen
wurden von Buch zu Buch weitergereicht, und jahrelang wurden
jene Pioniere von christlichen Veranstaltungen ausgeschlossen.
Traurigerweise färbte die kirchliche Ablehnung auch auf die öf-
fentliche Meinung ab, so dass ihr Zeugnis in Frage gestellt wurde.
Doch auch wenn sie gebremst, isoliert und verleumdet wurden,
blieben sie standhaft in ihrer Erfahrung und im Wort.

Dieser Widerstand ist interessant. Er entwickelte sich aus dem
Standpunkt, dass der christliche Glaube hauptsächlich einen Weg
zum Himmel darstelle und dass nur die Seelen dorthin wandern
würden. Dagegen zeigte die direkte körperliche Erfüllung mit
dem Heiligen Geist, dass eine überfällige christliche Revolution
im Gange war: Gott handelte physisch wie auch geistlich an uns!
Zur Breite und Länge der Liebe Gottes kam nun die Dimension
Tiefe: *das ganze Evangelium für den ganzen Menschen!*

Ein ständiges Gefühl der eigenen Unwürdigkeit hemmte die Gläubigen, sich der Gegenwart und Kraft des Heiligen Geistes gewiss zu werden. Die Mönche im Mittelalter erforschten ihre Seelen so übergenau, dass es zur Sünde der Übervorsichtigkeit wurde. Man beugte nicht nur die Häupter, sondern kuschte vor Gott. Viele Christen verhalten sich heute ähnlich. Selbst das Blut Jesu kann sie nicht rein genug waschen. Da sie meinen, Wesen und Wurzel von Sünden unaufhörlich bekennen zu müssen, dreht sich schier ihr ganzes Leben um Reue und Buße. Eine derart negative Selbsteinschätzung fördert nicht gerade den Glauben. Da, wo man erst einen Everest der Frömmigkeit erklimmen muss, um sich der Gegenwart des Heiligen Geistes sicher zu sein, ist es kein Wunder, wenn nur wenige die Welt wachrütteln. Fakt ist, dass die Schrift uns alle dazu aufruft: *„Werdet voll Geistes"* (Epheser 5,18 SCH) – was bedeutet, dass dies als normale Erfahrung für jeden Gläubigen gedacht war.

Die biblische Urgemeinde wird häufig als perfektes christliches Vorbild präsentiert und die heutige Christenheit im Vergleich dazu als armselig befunden. Ist es eigentlich ein Zeichen von Heiligkeit, die eigene geistliche Bedürftigkeit und Schwäche zu bekennen? Als Antwort auf die Frage: „Warum gibt es keine Erweckung?" schreibt Al Whittinghill (Ambassadors for Christ): „Zweifelsohne muss jeder ehrliche Mensch in der heutigen Gemeinde des Herrn Jesus tief im Innern wissen, dass etwas nicht in Ordnung ist."[10] Tun wir das? Diejenigen, die so lehren, glauben es wahrscheinlich. In einer anderen christlichen Zeitschrift, Herald of His Coming, schreibt Crawford Loritts: „Wir alle haben einen Fleck. Ganz gleich, wie viele Geistesausgießungen wir erlebt haben und wie viel wir über Erneuerung schreiben, predigen und sprechen, es gibt einen Fleck, der bleibt."

Dieser Aussage können wir uns nicht anschließen. Die Bibel versichert uns, dass das Blut Jesu uns ganz und gar rein macht. Es lässt keine Spuren oder Male zurück. Wir gehen mit Gott und sind in seine Gerechtigkeit gekleidet, nicht in unsere eigene Würde. Wenn wir nicht wissen, dass wir rein sind, können wir auch nicht wissen, dass der Heilige Geist in uns wohnt. Die Wahrheit ist aber, dass wir dies wissen können und auch wissen, nämlich erstens durch das Wort und zweitens durch die reale Erfahrung, dass Gott bei uns ist.

Wenn man Gemeinden sieht, die keinen Tiefgang haben, stimmt wirklich etwas nicht, wie Al Whittinghill sagt. So hat Gott es sich sicher nicht vorgestellt. Was also ist falsch? Das hängt sehr eng mit den Menschen zusammen und mit ihrer Annahme, dass Kraft und Segen im direkten Verhältnis zur Heiligkeit stünden. Wenn die Hoffnung auf Segen von großen geistlichen Qualitäten abhängt, liegt ein Glaube an den Menschen und nicht an Gott vor. Das ist der fatale Irrtum, der kleine Fuchs, der den Weinberg verdirbt (siehe Hohelied 2,15). Niemand ist so gut, dass er selbstverständlich mit Gottes mächtiger Gunst rechnen könnte. Gott gibt seinen Geist nicht den von sich eingenommenen, sondern den bedürftigen Menschen.

Aus den Briefen des Neuen Testaments geht hervor, dass ein Leben in der Fülle des Geistes die normale Erfahrung sein sollte. Die Christen waren in den frühen Tagen des Glaubens genauso unvollkommen wie wir heute. Der Heilige Geist war bei ihnen, allerdings nicht deshalb, weil sie bessere Sterbliche gewesen wären. Sie waren geisterfüllt, weil sie es nötig hatten, geisterfüllt zu sein. Um für den Heiligen Geist gut genug zu sein, brauchen wir alle den Heiligen Geist.

Von allen Gemeinden, um die sich Paulus kümmerte, beunruhigten ihn die Galater am meisten. Wohl zeichnete sich auch diese Gemeinde durch das Wirken des Heiligen Geistes aus; Paulus erwähnt es. Aber ihr Problem lag darin, dass sie ein Evangelium des Gesetzes und nicht der Gnade übernommen hatten. Sie hatten „*im Geist angefangen*" und auch Wunder erlebt, doch dann verfielen sie der Gesetzlichkeit (Galater 3,3-5). Ihre Haltung lässt sich heutzutage überall wiederfinden: Christen, die sich abmühen, um geistliche Höhen zu erklimmen und am Ende den Siegespreis der Kraft und Fülle zu bekommen. Das Ganze führt zu einem Evangelium ohne den Heiligen Geist. Paulus bat die Galater inständig, weiter mit dem Geist zu leben und abzulassen vom System der Vorschriften und Regeln, ansonsten würden sie letztlich alles verlieren. Genau diese Aufforderung sollten oft auch Christen von heute beherzigen.

Der Heilige Geist wird sich bemerkbar machen. Dazu ist er da. Der Geist ist das Pneuma, der Wind oder Atem Gottes. Wir können keinen stillen und ruhigen Heiligen Geist haben. Es gibt keinen Wind, der nicht weht, auch keinen Atem, der nicht geht. Die Bibel sagt nichts darüber, dass Luft in einem Krug aufbewahrt wird; sie spricht nur vom Wind, der in Bewegung ist. Den Heiligen Geist beschreibt sie nur in Aktion, als Manifestation. Gott ist niemals untätig, er muss von uns weder angestupst noch aufgeweckt werden. Wir sind die Schläfrigen, nicht Gott.

> Die Bibel sagt nichts darüber, dass Luft in einem Krug aufbewahrt wird; sie spricht nur vom Wind, der in Bewegung ist. Den Heiligen Geist beschreibt sie nur in Aktion, als Manifestation.

Aber vor Christus wehten die Winde des Geistes noch nicht, denn *„noch war der Geist nicht da"* (Johannes 7,39).

Der Heilige Geist kann betrübt und gedämpft werden, allerdings nur, wenn er gegenwärtig ist. Die Welt kann den Heiligen Geist nicht betrüben, weil er nicht bei ihr wohnt.

Alles, was der Geist tut, bezieht Menschen auf die eine oder andere Weise ein. Gott tut nichts auf dieser Erde ohne menschliche Mitarbeit. Darum will er, dass wir vom Geist erfüllt werden. Indem sein Geist in die Gläubigen gesetzt wird, werden sie zu einem Netzwerk verbunden. Sie werden zu Steckdosen – seiner Kraft auf Erden, bereit für sein Handeln. Durch sie setzt er seinen Willen in die Tat um. Sie sind wie geistliche Blitzableiter, die die Kräfte des Himmels für Menschen erfahrbar machen.

Wir können unsere Hände in Vertretung für die ganze Welt zu Gott ausstrecken. Wenn unserem Gebet die Worte fehlen, sind vielleicht Tränen und Seufzer oder die zum Himmel erhobenen Hände unsere einzige Sprache. Schon unsere Gegenwart hier ist Gottes Werkzeug auf Erden. Das, was wir durch den Geist und durch Glauben sind, ermöglicht es Gott, seinen Willen auf der ganzen Welt zu tun. Jesus sagte: *„Ihr seid das Licht der Welt"* (Matthäus 5,14). Bereits ein einziges Licht ist weit sichtbar. Das Einzige, was wir zu tun haben, ist – zu scheinen.

Während

seiner Erdenzeit

hat Jesus niemanden

mit dem Heiligen Geist getauft.

Jetzt tauft er mit dem Heiligen Geist.

Dies ist seine göttliche Aufgabe und etwas,

was wir anerkennen sollten,

sonst leugnen wir seine Identität

als Täufer im Heiligen Geist.

KAPITEL 11

Eine neue Begegnung

Wir können nicht erwarten, dass göttliche Offenbarung genau unseren Vorstellungen entspricht. Wäre dies der Fall, brauchten wir sie gar nicht. Göttliche Offenbarung ist etwas Besonderes und benötigt einen besonderen Zugang – nichts weniger als Leitung durch den Urheber, den Heiligen Geist. Wir müssen das Wort „erkennen" (1. Korinther 2,14). In den richtigen Kontext gebracht, erstrahlt ein Bibeltext zu voller Pracht, wie *„goldene Äpfel in silbernen Prunkschalen"* (Sprüche 25,11). Dieses Kapitel beginnt mit zwei oder drei Bibelstellen, die isoliert normalerweise Fragen hervorrufen. In richtiger Zuordnung jedoch, so hoffe ich, werden sie uns zu Leitsternen der Offenbarung.

Zuerst nehmen wir die Stelle, wo Johannes der Täufer Jesus vorstellt: *„Nach mir kommt der, der stärker ist als ich […] Ich habe euch mit Wasser getauft, er aber wird euch mit Heiligem Geist taufen"* (Markus 1,7f). Tatsächlich aber hat Jesus während seiner Erdenzeit niemanden mit dem Heiligen Geist getauft. Er erfüllte die Worte des Täufers – jedoch erst nach seiner Himmelfahrt. Jetzt tauft er mit dem Heiligen Geist. Dies ist seine göttliche Aufgabe und etwas, was wir anerkennen sollten, sonst leugnen wir seine Identität als Täufer im Heiligen Geist.

Ein zweiter Text ist Johannes 7,39: *„Denn noch war der Geist nicht da"* (griechisch: „Der Geist war noch nicht"). Noch nicht?

Das ist überraschend. Was war dann mit Mose, David, Elia, Elisa und den Propheten? In Micha 3,8 steht: *„Ich hingegen, ich bin mit Kraft erfüllt durch den Geist des Herrn."* Im Buch Richter stoßen wir mehrmals auf die Aussage: *„Da kam der Geist des Herrn über"* Personen wie Otniël, Gideon, Jeftah oder Simson. Die Bücher Samuel und Chronik berichten, wie der Geist auf König Saul, König David oder den Propheten Asarja kam. Der Apostel Petrus formulierte: *„Von Gott her redeten Menschen, getrieben vom Heiligen Geist"* (2. Petrus 1,21). Und Jesus sagte seinen Jüngern, dass der Geist mit ihnen sei und bald in ihnen sein werde. Doch trotz alledem – *„noch war der Geist nicht da"*!

In 1. Korinther 12,6 steht Folgendes: *„Und es gibt Verschiedenheiten von Wirkungen, aber es ist derselbe Gott, der alles in allen wirkt."* Die ersten Jünger an Pfingsten und danach haben den Heiligen Geist sicher in mehr als einer Art erlebt. Die Welt ist voller Vielfalt, Formen, Farben, Maße, Düfte; es gibt Großes und Kleines, Hartes und Weiches – und alles ist die Handarbeit des Geistes. Er ist Gott, der mit uns zu tun hat, der Gott der Vielfalt. Manche glauben, der bei der Neugeburt empfangene Geist sei alles, was wir erreichen können, und unsere Aufgabe sei es, voll dieses Maßes zu bleiben. Es ist schwer vorstellbar, dass der Gott der Wunder nichts Weiteres mehr tun könnte, als bis zu dem Punkt, wenn wir unser Leben Jesus anvertrauen. Keine Erfahrungen im Heiligen Geist, keine Äußerungen von Gaben, keine Zungenrede? Das kann nicht richtig sein!

> Wir können nicht erwarten, dass göttliche Offenbarung genau unseren Vorstellungen entspricht. Wäre dies der Fall, brauchten wir sie gar nicht.

Allerdings ist ein wichtiger Punkt zu beachten: Im alten Israel kam der Geist auf Menschen durch den Willen Gottes, nicht durch ihren eigenen. Sie baten Gott nicht um Kraft oder darum, eine bestimmte Aufgabe ausführen zu können. Auch Jesus sagte zu seinen Jüngern: *„Ihr habt nicht mich erwählt, sondern ich habe euch erwählt und euch dazu bestimmt, dass ihr hingeht und Frucht bringt"* (Johannes 15,16). Er erwählte sie. Falls die Gläubigen des Alten Testaments darauf warteten, seine Stimme zu hören, und Vorbilder im Hören der Stimme Gottes sein sollten, ist es seltsam, dass die Schrift dies niemals erwähnt. Sie suchten ihn nicht, sondern wurden „aus heiterem Himmel" berufen. Der Geist „sprang" auf sie, wie die Septuaginta, das griechische Alte Testament, sagt; das gleiche Wort wird in Apostelgeschichte 3,8 verwendet, als der geheilte Lahme „aufsprang und umherging". Gottes Wirken basiert nicht auf menschlicher Initiative, sondern auf Gottes eigenem Eifer. Zu alttestamentlichen Zeiten wurden Menschen durchaus Instrumente des Geistes, aber nicht, indem sie an die Himmelstür hämmerten oder Gott aufforderten, tätig zu werden. Gott wurde nie davon abhängig, ob Menschen sich von selbst melden. Er ruft und rekrutiert sie. Wenn Gott jemanden für eine Aufgabe braucht, wartet er nicht, bis einer zufällig auftaucht. Er beruft jemanden.

So war es auch am großen Pfingsttag (Apostelgeschichte 2). Das himmlische Brausen dieses wundervollen Heiligen Geistes, lange versprochen und von keinem wirklich verstanden, kam, wann er es wollte. Die Jünger suchten den Moment nicht aus; Gott handelte nach eigenem Ermessen. Das ist charakteristisch für den Heiligen Geist. Jesus sagte: *„Der Wind weht, wo er will, und du hörst sein Sausen, aber du weißt nicht, woher er kommt und wohin er geht; so ist jeder, der aus dem Geist geboren ist"* (Johannes 3,8).

Die Vorstellung, dass inbrünstiges Gebet nötig sei, um Gott zum Reden zu bringen, erscheint eher seltsam! Eine der großen christlichen Offenbarungen ist doch gerade, dass Gott spricht! Ein überanstrengendes Warten und Beten, um seine Stimme zu hören, ist falsch verstandenes Beten. Davon spricht die Schrift nirgends. Manche wackeren Gläubigen ringen mit offenen Sinnen um Antwort. Aber solche Offenheit wird leicht zum Vakuum, das gottfremde Ideen und Eigenwünsche anzieht. Auch Reize der Welt, des Fleisches und des Teufels können eine mentale Leere einnehmen.

Nun zu einer weiteren „Problemstelle": *„Unter den von Frauen Geborenen ist kein Größerer aufgestanden als Johannes der Täufer; der Kleinste aber im Reich der Himmel ist größer als er"* (Matthäus 11,11). Dies ist einer der wichtigsten Verse in der Bibel, eine göttliche Bekanntgabe. Hier wird ein bahnbrechender Fortschritt in Glaubensdingen beschrieben. Denn zunächst predigte Jesus: *„Das Reich Gottes ist nahe!"* und anschließend: *„Das Reich Gottes ist zu euch gekommen!"* (Matthäus 4,17; 12,28).

Um die Tragweite zu verstehen, schauen wir etwa einmal in folgende Verse: *„Der Herr hat vom Himmel herniedergeschaut auf die Menschenkinder, um zu sehen, ob ein Verständiger da ist, einer der Gott sucht. Alle sind abgewichen [...]"* (Psalm 14,2f). Als dieser Psalm geschrieben wurde, war es tatsächlich so. Jede Nation der Erde außer Israel war religiös benebelt von den dicken Rauchschwaden ihrer Götzenaltäre. In Israel flackerte ab und zu ein kleiner Lichtschein, aber selbst dort wuschen sich die meisten das Heidentum nicht ganz aus den Haaren. Die Großmächte Babylon, Griechenland und Rom unterstützten primitive Fantasien und Aberglauben. Sokrates, der als der weiseste der griechischen

Denker gilt, sagte vor seinem Tod: „O Kriton, wir sind dem Asklepios einen Hahn schuldig. Opfert ihm den und versäumt es nicht!" Asklepios war ein griechischer Gott, vermutlich der Gott der Heilung.

Doch selbst in jenen dunklen Zeiten hatte Gott einige, die ihm treu waren und den Gezeiten der Gottlosigkeit und der Dekadenz der Verdorbenheit standhielten. Dazu gehörten Menschen, über die wir bereits sprachen – von Gott erwählt, befähigt und in ihre Aufgabe eingesetzt. Inmitten der allgemeinen Dunkelheit hielten sie Kontakt zu Gott. Sie waren nicht im Geist getauft und konnten

> Die Bibel ist wie ein Vorbeimarsch göttlicher Agenten in einer von Satan besetzten Welt vor Gottes Befreiungstag.

es auch noch nicht sein, denn Jesus musste erst kommen und die Himmel aufreißen, damit der Geist eintreffen konnte.

Vielleicht lässt sich dieser fundamentale Vorgang mit der Zeit der Nazibesatzung in Europa während des Zweiten Weltkriegs vergleichen. Die Kommunikation zwischen Europa und den Westmächten brach ab – aber nicht ganz. Britische Agenten mit ungeheurem Mut gelangten hinter die feindlichen Linien und kooperierten mit den Widerstandskämpfern im Untergrund. Sie brachten die Pläne des Feindes in Erfahrung und hielten die Hoffnung im unterdrückten Europa am Leben. In ihnen verkörperte sich die Verheißung einer Rettung durch die Alliierten.

Die Bibel ist wie ein Vorbeimarsch göttlicher Agenten in einer von Satan besetzten Welt vor Gottes Befreiungstag. Bis Christus kam und das Reich Gottes ausrief, lag die ganze Welt in den Fängen des

Teufels. Wie war das geschehen? Gott hatte Adam und Eva (beiden) Autorität und Herrschaft über die ganze Erde gegeben. Aber
die Schlange (der Teufel) verführte und entthronte sie. Sie gingen
dem Lügner auf den Leim; der Teufel stahl ihnen die Macht und
herrschte statt ihrer, ja, sogar **über** sie. Selbst der Apostel Johannes
musste sagen, dass *„die ganze Welt um uns herum vom Teufel be-
herrscht wird"* (1. Johannes 5,19 HFA).

Die Erde wurde zum Reich des Teufels und er der anerkannte
„Fürst dieser Welt" – ein Titel, den ihm sogar Jesus selbst gab (vgl.
Johannes 12,31; 14,30; 16,11). Luzifers eigentlicher Sturz kam, als
er die Erde für sich als glitzernden Preis begehrte, um auf dem
Thron sitzen zu können, als *„Gott dieser Welt"* (2. Korinther 4,4).
Er wählte das Negativ zu Gottes Positiv, Dunkelheit statt Licht,
Bosheit anstelle von Güte. Jesus sagte: *„Ich schaute den Satan wie
einen Blitz vom Himmel fallen"* (Lukas 10,18).

Jesus sagte auch: *„Denn alle Propheten [...] haben geweissagt bis
hin zu Johannes"* (Matthäus 11,13 SCH). Dann kam die große
Umwälzung. Jesus Christus kam und verkündete das Reich Gottes.
Wie Europa seinen D-Day hatte, als die Alliierten vordrangen,
den Sieg errangen und Befreiung brachten, so war das Kommen
Christi das Durchbrechen der satanischen Mauer und eröffnete das
neue Zeitalter der Befreiung – Gottes D-Day! Seitdem – *„von den
Tagen Johannes des Täufers an bis jetzt"* – wurde die Zermürbung
der Herrschaft Satans fortgesetzt, *„die gute Botschaft vom Reich
Gottes wird verkündet und die Menschen drängen mächtig hinein"*
(Matthäus 11,12; Lukas 16,16 KJ) – Millionen von Menschen sind
zum Königreich übergelaufen, um dem wahren König zu dienen,
dem König der Liebe.

Diese geistliche Zeitenwende bedeutet, dass der Heilige Geist ausgegossen wurde, um aktiv auf der Erde zu wirken. Vorher war er
es nicht, aber nun ist er es. *„Als er aber die Zwölf zusammengerufen
hatte, gab er ihnen Kraft und Vollmacht über alle Dämonen und
zur Heilung von Krankheiten. Und er sandte sie, das Reich Gottes
zu predigen und die Kranken gesund zu machen"* (Lukas 9,1f).
Adam verlor seine Herrschaft an den Teufel, aber Christus hat
das Blatt gewendet und gibt den schlichten Jüngern Herrschaft
über den Teufel. Mit Christus ist das Reich angebrochen und
nun sind wir die Herren in der Kraft des Geistes. Die feindliche
Besatzungsmacht wurde besiegt. *„Hierzu ist der Sohn Gottes
geoffenbart worden, damit er die Werke des Teufels vernichte"*
(1. Johannes 3,8; vgl. Lukas 10,19). In ähnlichen Bibelstellen wird
das Wort *katargéo* verwendet, was auch „leeren" bedeutet.

So ist nun der Teufel die sich windende Schlange, deren Kopf bereits unter Jesu Ferse zermalmt wurde (1. Mose 3,15). Der Weg
ist frei für die restlose Befreiung der Welt und Verleihung unserer
göttlichen Rechte. *„Danach kommt das Ende: Christus wird
alles zerstören, was Gewalt und Macht für sich beansprucht, und
wird Gott, seinem Vater, die Herrschaft über diese Welt übergeben"*
(1. Korinther 15,24 HFA).

Gott hat sich auf diesen Tag des Triumphes festgelegt, indem er
uns seinen Sohn gab, der den äußersten Preis für den Sieg bezahlt
hat. Das Kreuz, dieses entsetzliche Holz eines irdischen Baumes,
stieß die Türe für den Heiligen Geist auf: Er ist gekommen, um
für immer hier zu bleiben, sich niederzulassen und sein Werk zu
tun. Es war ein kosmisches Ereignis, das sich durch Zeichen und
Wunder manifestierte und vor allem unser *„gemeinsames Heil"*

(Judas 3) hervorbrachte. Jesus stellte fest: *„Jetzt wird der Fürst die-ser Welt hinausgeworfen werden"* (Johannes 12,31). Dies geschieht tagtäglich im Leben von Millionen Menschen, die mit dem Heiligen Geist erfüllt werden.

Heute noch viel mehr als zu Zeiten der Bibel zeigt sich die Realität, Gegenwart und Kraft des Heiligen Geistes unmissverständlich. Was zuvor nicht geschehen ist, geschieht jetzt. Was vor Christus fruchtlos und unmöglich war, wird heute täglich sichtbar. Dabei sind nicht nur materielle und körperliche Kräfte am Werk, son-dern die Kraft der Errettung für den gesamten Menschen. Das kannte man zu Moses oder Elias Zeiten nicht. Jesus hat gesagt: *„Fürchte dich nicht, du kleine Herde! Denn es hat eurem Vater wohlgefallen, euch das Reich zu geben"* (Lukas 12,32). Wir re-gieren mit Christus, die Kräfte des Königreichs Gottes sind uns verliehen – der Heilige Geist, derselbe, der hereinbrach, als Jesus das kommende Reich verkündigte.

Es wird Zeit, dass alle geistgetauften Menschen erkennen, wer sie sind, nämlich Kinder des Königreichs, und dass sie ihre Stärke kennen, nichts fürchten und wie Feuerflammen dieser Welt Zeugnis geben. Der Schatten Satans verdunkelt noch immer die Welt, aber seit Jesus kam, ist er eben nur noch ein Schatten. Christus hat uns Autorität über alle Machenschaften des Feindes gegeben. Unsere Aufgabe ist nicht bloß, Dämonen zu jagen, Wunder feilzubieten oder Spielchen zu spielen. Die Kirche ist kein Show-Business. In der Tat müssen Dämonen ausgetrieben werden und Wunder geschehen, doch als Bürger des Königreichs fordern wir die weltlichen Mächte des Unglaubens und der Gottlosigkeit, der Finsternis und Bosheit heraus. Wir, bloße Sterbliche, sind

Gottes Sonderkommandos, seine Soldaten, seine Antwort, seine königlichen Botschafter, die es hinausrufen: *„Lasst euch versöhnen mit Gott!"* (2. Korinther 5,20).

Das Evangelium besteht nicht

aus Wörtern in einem Buch auf dem Regal,

sondern aus Worten voll Kraft in unserem Mund.

Wird es dargelegt, so trägt es Gottes Kraft.

KAPITEL 12

Wenn der Geist in Aktion tritt

Direkt, wenn man die Bibel aufschlägt, stellt sich eine Frage. Wir lesen: *„Die Erde war wüst und leer, und Finsternis war über der Tiefe; und der Geist Gottes schwebte über den Wassern"* (1. Mose 1,2). Uns springt sofort ins Auge, dass der Geist Gottes über dem Chaos schwebte, es aber nicht veränderte. Warum tat er das? Worauf wartete er denn?

Die Frage ist für uns durchaus nützlich. Wann tritt der Heilige Geist in Aktion? Predigten, Diskussionen und Bücher beschäftigen sich doch eher mit dem allgemeinen Segen des Heiligen Geistes. Wir sind gut darin, Dinge zu finden, die Gottes Segnungen aufhalten könnten. Mängel und Fehler, die sein Wirken behindern, sind schnell entdeckt. Eine Predigt darüber, wie menschliche Unvollkommenheit Gott verstimmen kann, ist schnell verfasst. Doch was wir alle brauchen, ist Gottes aufbauende Hilfe. Also erkunden wir in diesem Kapitel die Sicht der Bibel. Dabei behandeln wir auch die erste Frage, warum der Heilige Geist tatenlos blieb, während er über der Finsternis brütete.

Jesus sprach von einer Zeit der Dunkelheit, in der der Heilige Geist nichts unternehmen würde: *„Es kommt die Nacht, da niemand wirken kann. Solange ich in der Welt bin, bin ich das Licht der Welt"* (Johannes 9,4). Mit „wirken" meinte er Wunder. Als er das sagte, kümmerte er sich gerade um einen blinden Mann und sprach über Heilung als Werk Gottes. Er sagte, niemand könne dieses Werk, das Werk Gottes, in der Nacht tun. Auch sprach er über seine Kreuzigung, nach der ihn in der Welt niemand mehr außer seinen Jüngern sehen sollte. Dann würde das Licht die Welt verlassen und es gäbe keine Werke, Heilungen, Wunder mehr.

Mit anderen Worten: Wenn das Wort nicht da ist, ist auch der Geist nicht da. Der Geist war mit Jesus, weil er das Wort ist. Der Geist tauchte nirgendwo auf, während Jesus, das Wort, im Grab lag. Dennoch schwebte der Geist über dieser Finsternis, und als der Vater es wollte, erweckte der Heilige Geist Jesus zum Leben. Gegenwärtig herrscht der Tod noch auf der ganzen Erde und der Heilige Geist schwebt über dem Todesdunkel. Aber das Wort kommt und der Geist wird die Toten auferwecken nach dem Willen des Vaters, der allein Tag und Stunde dieses Ereignisses kennt (Matthäus 24,36). Vor Pfingsten war der Heilige Geist nirgends auf der Welt, außer dort, wo das Wort verkündigt wurde. Petrus predigte die erste Evangeliumsbotschaft und sagte, dies sei Gottes lebendiges und beständiges Wort. Da warf der Heilige Geist das Netz aus und zog einen großen Fang ein. Petrus war zum Menschenfischer geworden.

Als Jesus kam, konnte Johannes schreiben: „[...] *das wahre Licht scheint schon*" (1. Johannes 2,8 ZÜ). Dann kam der Tag, an dem Jesus verhaftet wurde, und *„es war Nacht"* (Johannes 13,30 GN). Judas und seine bewaffnete Schar mussten mit Laternen kommen (Johannes 18,3). Johannes erkannte die Symbolik des Augenblicks. Ohne das Licht Christi braucht die Welt Laternen. Die Welt hält sich Ersatz für das wahre Licht – Ideen, Erfindungen, Philosophien, Modelle und eigene Anstrengungen. Verglichen mit dem Licht Jesu sind diese nichts als Laternen, Abklatsch der Wahrheit, des wahren Lichts. Man verwirft das Wort so sicher, wie man Jesus gekreuzigt hat. In dieser Finsternis tut der Heilige Geist überhaupt nichts, er wirkt keine Werke, außer für diejenigen, die im Licht wandeln.

Im düsteren Gethsemane sagte Jesus zu seinen Häschern: *„Dies ist eure Stunde und die Macht der Finsternis"* (Lukas 22,53). Ab dem Zeitpunkt, als die Dunkelheit sich ausbreitete, tat der Heilige Geist keine Werke mehr. Bis Jesus auferstand und in den Himmel auffuhr, bewirkte der Heilige Geist nichts in der Welt. Der Geist agiert nur im Licht des Wortes.

Als Jesus in die Welt kam, kam auch der Heilige Geist und war bei ihm. Wo Jesus war, war Kraft. Die ganze Welt war in Dunkelheit gehüllt, doch als er kam, sahen die Heiden ein großes Licht. Die ersten Jünger zogen aus und predigten das Wort; der Heilige Geist bestätigte und segnete es.

Man sagt, Gott tue nichts ohne Gebet, womit Gebet zum Startzeichen für den Heiligen Geist würde. Das könnte so sein, allerdings ist das nur eine Seite der Wahrheit. Die andere Seite ist, dass der Heilige Geist nichts ohne das Wort tut. Hand aufs Herz, wie viel würde wirklich geschehen, wenn alles von den Gebeten des Kirchenvolks abhinge?

Der Heilige Geist trat schon viele Male ohne große Erweckungsgebetstreffen in Aktion, aber nie ohne das Wort des Evangeliums. Was der Geist tut, selbst wenn er selbstständig handelt, offenbart, was er tun will, denn er würde nie etwas tun, was er nicht will.

> **Die Absicht des Heiligen Geistes ist immer, das Wort mit dem Kraftstrom des Himmels aufzuladen.**

Nichts weniger zeichnet ihn aus, als dass er gut, gnädig und schnell bereit ist zu erhören. Die Absicht des Heiligen Geistes ist immer, das Wort mit dem Kraftstrom des Himmels aufzuladen.

„Das Schwert des Geistes [...] *ist Gottes Wort"* (Epheser 6,17). Er hat keine andere Waffe. Zum Handeln braucht er nicht unsere Philosophien, so brillant sie auch sein mögen. Der Heilige Geist schwebt über der Dunkelheit, wartet auf das Wort und dann wird es Licht. Noch so viele Stunden Gebet werden den Heiligen Geist nicht zum Handeln bewegen, wenn kein Wort, kein gepredigtes Evangelium da ist.

In 1. Mose 1 haben wir gelesen, dass der Geist über den Wassern schwebte. Im nächsten Vers steht dann: *„Gott sprach: Es werde Licht!"* (1. Mose 1,3). Und dann trat der Geist in Aktion. Das Wort sprach und der Geist gehorchte. Das Johannes-Evangelium beginnt mit einer Parallelstelle: *„Im Anfang war das Wort* [...]. *Alles wurde durch dasselbe"* (Johannes 1,1.3). Das Wort ist die Stimme der Gottheit. Der Vater bestimmt, der Sohn (das Wort) spricht und der Heilige Geist handelt. So ist es immer. Der Heilige Geist vollzieht den Willen des Vaters, indem er auf die Stimme des Wortes reagiert.

Das ist grundlegende Wahrheit: Der Geist folgt dem Wort – nur dem Wort.

Ein Paradebeispiel dafür finden wir in Hesekiel 37. In einer Vision zeigte Gott dem Propheten Hesekiel ein Tal voller ausgedörrter

Skelette und sagte zu ihm: *„Weissage über diese Gebeine und sage zu ihnen: Ihr vertrockneten Gebeine, hört das Wort des Herrn! Und ich weissagte, wie mir befohlen war. Da entstand ein Geräusch, als ich weissagte, und siehe, ein Getöse [...] Sie wurden lebendig und standen auf ihren Füßen, ein sehr, sehr großes Heer"* (Hesekiel 37,4.7.10). Der Zustand Israels war vergleichbar mit diesem Tal der Totengebeine, aber durch das Wort sollte Israel wieder leben können. Hesekiel betete nicht für die Gebeine. Er sprach das Wort aus, prophezeite, und Gottes Geist machte aus ihnen ein großes Heer.

Jede Prophetie ist Geist und Wort. In der früheren Epoche kam der Heilige Geist auf Männer, während sie das Wort sprachen. Kommt der Heilige Geist etwa nur, um uns zu segnen, zu begeistern oder ein emotionales Erlebnis zu schenken? Diese Dinge geschehen natürlich auch, doch es ist nicht das Ziel des Geistes, uns in Freudentaumel zu versetzen, sondern in Brand zu setzen und die Welt zu verändern.

> Noch so viele Stunden Gebet werden den Heiligen Geist nicht zum Handeln bewegen, wenn kein Wort, kein gepredigtes Evangelium da ist.

Gebet reicht nicht aus, um eine tote Gemeinde aufzuerwecken. Es bedarf der Kraft des vom Geist durchdrungenen Wortes. Das lebendige Wort bringt Leben. Was wir tun können und sollten, ist, das Wort zu predigen. Es ist gut, Gott um sein Handeln zu bitten; ihn jedoch zu bitten, das zu tun, was wir tun sollten, ist sinnlos. Wir können seinen Geist nicht irgendwohin schicken. Er bewegt sich mit uns und ist dort, wo wir sind. Wir können nicht Gott bitten, Seelen zu retten und Menschen zu segnen, und abwarten, dass etwas geschieht. Er sendet uns mit dem Wort, und der Geist wartet auf uns. Es ist unser Vorrecht, mit ihm zusammenzuarbeiten und Seelen für ihn zu retten. Wer meint, nicht genug Stärke oder Kraft zu haben, soll wissen, dass das Wort seine Stärke und Kraft ist. Zwei wichtige Fakten sind festzuhalten: Heilig-Geist-Konferenzen sind ohne das Wort nur menschliche Konferenzen und Gebet ist kein Ersatz für das Wort.

Christlich-charismatische Veranstaltungen konzentrieren sich gern stark auf den Heiligen Geist, und das ist nicht zu verachten. Allerdings können sich Gemeinden auch nur noch auf Handauflegung, Prophetie, Wundererwartung, Dämonenaustreibung und andere physische Zeichen des Lebens in Christus fixieren. Wahre christliche Gemeinde aber versammelt sich am Fuß des Kreuzes um Jesus (der Geist hat kein höheres Ziel!) – schlicht und einfach aus Liebe zu ihm, und nicht nur zwecks dramatischer und emotionaler Effekte. Vielleicht versuchen wir, in „Heilig-Geist-Treffen" Kraft zu produzieren, als ob ein Wunder der Gipfel des Segens wäre. Unser höchstes Ziel sollte darin bestehen, Jesus zu erhöhen und seinen Namen zu verherrlichen. Hier ist der

> Jede Prophetie ist Geist und Wort.

Heilige Geist am allerliebsten! Jesus ist unser Lied, der Grund für unsere Zusammenkunft, und wo er ist, ist der Heilige Geist. Wir sind nicht einfach nur Menschen des Heiligen Geistes, sondern Christen, Jesus-Jünger, und der Geist kommt zu uns wegen Jesus, in unserer liebenden Anbetung für ihn.

Den Geist vor das Wort stellen, ist der verkehrte Weg. Der Heilige Geist folgt dem Wort. Um die Gegenwart des Heiligen Geistes zu gewinnen, ist das Wort nötig. Der Geist konzentriert sich auf Jesus. Dieser sagt von ihm: „*Er wird mich verherrlichen, denn von dem*

Meinen wird er nehmen und euch verkündigen" (Johannes 16,14). Der Heilige Geist kommt nicht mit einer Botschaft über sich selbst, sondern allein über Jesus. Der Geist spricht für ihn, und zwar ganz dem Wort verpflichtet. Er beantwortet Gebet im Namen Jesu, weil Jesus das Wort ist und der Heilige Geist dem Wort folgt. Der Wille des Vaters wird vom Sohn

> Es ist gut,
> Gott um sein
> Handeln zu bitten;
> ihn jedoch zu bitten,
> das zu tun,
> was wir tun sollten,
> ist sinnlos.

als dem Wort geschrieben und verkündet und vom Geist ausgeführt. Anders erreichen wir nichts.

Diese Tatsache zieht sich durch die ganze Bibel. Im Alten Testament sprach Gott beispielsweise am Sinai. Man hörte seine Stimme und der Geist Gottes ruhte auf Mose und den Ältesten. Im Neuen Testament sprach Jesus das Wort und der Geist heilte die Kranken. Laut Jesu Aussage tat der Vater die Werke. Er wählte das Vorgehen, Christus sprach und der Geist schloss sich wunderwirkend an: *„Jesus von Nazareth – ihn hat Gott mit Heiligem Geist und Kraft gesalbt; er ging umher, tat Gutes und heilte alle, die vom Teufel überwältigt waren"* (Apostelgeschichte 10,38 KJ).

Wir bezeugen das Evangelium im Einklang mit dem Wort. Der Heilige Geist segnet das gesprochene Wort; es zieht die Kraft des Geistes an. Darum ist das Evangelium die Kraft Gottes. Das Evangelium wird gesprochen. Es bedeutet „gute Nachricht" – allerdings nur, wenn man es verkündet. Das Evangelium besteht nicht aus Wörtern in einem Buch auf dem Regal, sondern aus Worten voll Kraft in unserem Mund. Wird es dargelegt, so trägt es Gottes Kraft.

Die Bibel zeugt von sich selbst, das Wort Gottes zu sein, und ihr Anspruch kann verifiziert werden. Dies sollte erkennbar werden, wenn das Wort und der Geist sich vereinen. Psalm 119 ist eine großartige Darstellung des Wortes. In etlichen Versen gibt es Behauptungen, die geprüft werden können, zum Beispiel in Vers 50: *„Dies ist mein Trost in meinem Elend, dass deine Zusage mich belebt hat"*, oder Vers 93: *„Ewig werde ich deine Vorschriften nicht vergessen, denn durch sie hast du mich belebt"*. Ähnlich urteilt Psalm 19,8: *„Das Gesetz des Herrn ist vollkommen und erquickt die Seele"*. Jahrtausendelang wurden diese Aussagen getestet und haben sich bewahrheitet.

Jesus sagt: *„Wahrlich, wahrlich, ich sage euch: Wer mein Wort hört und glaubt dem, der mich gesandt hat, hat ewiges Leben. Die Worte, die ich zu euch geredet habe, sind Geist und sind Leben"* (Johannes 5,24; 6,63).

Und Petrus erinnert: *„Ihr seid wiedergeboren, nicht aus vergänglichem Samen, sondern aus unvergänglichem, durch das lebendige und bleibende Wort Gottes. Das Wort des Herrn bleibt in Ewigkeit"* (1. Petrus 1,23.25).

> Heilig-Geist-Konferenzen sind ohne das Wort nur menschliche Konferenzen und Gebet ist kein Ersatz für das Wort.

Diese Worte haben sich seit 2.000 Jahren bestätigt. Der christliche Glaube ist keine Last aus Regeln und Konzepten, sondern eine Kraftquelle für das menschliche Leben. Das Wort bringt Leben. Deshalb wird uns aufgetragen: *„Predige das Wort!"* (2. Timotheus 4,2). Wir bekehren Menschen nicht zu einem religiösen System, wie viel Hoffnung es auch anbieten mag. Das Evangelium ist kein religiöses Netzwerk aus Ritualen, Bräuchen und Anforderungen, sondern lebensverändernde, vitale Kraft. Das Evangelium ist das Wort!

Menschen mögen sich über die richtige Religion streiten. Die Religionen offerieren verschiedene Wege zu Gott oder etwas anderem, Jesus jedoch hinterließ uns keinen solchen Weg. Er gründete keine Religion. Er sagt: *„Kommt her zu mir!"* (Matthäus 11,28). Jesus ist der, den wir brauchen. Religionen können vielleicht auf ihn hinweisen, aber er allein ist unser Alpha und Omega, unser Anfang und unser Ende, unser Start und unser Ziel.

Man kann natürlich behaupten, dass eine bestimmte Religion besser sei als eine andere. Aber das Evangelium bietet uns nur eines – Jesus. Er ist der Einzige, der seine Arme für alle Menschen öffnet. Hat jemand noch einen anderen Jesus zu bieten? Er ist alles. Er verkörpert das, worüber er selbst gesprochen hat: *„Wer glaubt, hat ewiges Leben!"* (Johannes 6,47). Jesus ist keine Religion. Er ist eine Person, der man begegnen und durch die man leben kann: das lebendige Wort. Er ist kein Botschafter Gottes. Er ist die Botschaft, das, wovon die Botschafter gesprochen haben. In ihm ist Leben, und dieses Leben gelangt durch das Wort zu uns.

Auch gesalbte, im Geist getaufte Menschen können die Kraft dämpfen oder schwächen, indem sie außerhalb des Wortes Gottes leben. Nicht nur von Theologie ist die Rede. Es geht darum, das „eingepfropfte" Wort zu empfangen, darüber nachzusinnen, danach zu leben und die Worte mit der Hand des Glaubens zu ergreifen.

Viele verbrachten schon anstrengende Stunden im Gebet, aber ohne innere Verbindung zum Wort. Die Ansicht, dass Erweckung nur durch Gebet käme, ist wohl am gängigsten. Häufig wird gesagt, jede Erweckung sei auf jemanden zurückzuführen, der im Gebet verharrte. Ist das wirklich belegt? Natürlich muss jemand vor einer Erweckung gebetet haben, da jeder betet – ganz besonders um Erweckung. Aber noch nie gab es eine Erweckung ohne das Wort. Typische Geistesaufbrüche wurden stets dadurch ausgelöst, dass jemand das Evangeliumswort dorthin brachte, wo man es nie gehört hatte, und es verkündete. Die Folge waren Überführung von Sünde und Bekehrungen. Erweckung brach selbst in Regionen aus, wo die geistlichen Wasser fast schon versiegt waren. Das Wort des Evangeliums schlägt gegen den Felsen – da sprudelt das Wasser hervor und bringt Leben dorthin, wo es keines gab.

> Ohne den Geist wird eine Predigt zur Vorlesung von Kopf zu Kopf, aber nicht von Herz zu Herz, dürr und saftlos.

In der Apostelgeschichte war das Wort die Messlatte für Erfolg: *„Das Wort Gottes aber wuchs und mehrte sich"* (Apostelgeschichte 12,24). Gemeint war, dass Menschen das Wort empfingen. Das eigentliche Ziel unserer Arbeit ist, den Samen des Wortes auszusäen. Wo das Wort ist, gibt es Leben und Wachstum. Erde allein bringt nichts hervor. Das Geheimnis ist der Same im Boden. Der Same aber ist das Wort, sagt Jesus.

Jesus erklärte den Schriftgelehrten und Pharisäern, sie befänden sich im Irrtum, da sie weder Gottes Wort noch seine Kraft kennen würden (Markus 12,24). Sie hatten das Wort, aber nicht den Geist.

Sie nahmen das mächtige Wort und dörrten es aus, reduzierten es auf Formeln und glaubenslose Lehre. Ohne den Geist wird eine Predigt zur Vorlesung von Kopf zu Kopf, aber nicht von Herz zu Herz, dürr und saftlos. Durch diese Art Wortverkündigung kann der Geist im Wort gedämpft werden. Viele kennen zwar die Bibel, aber *„ohne Glauben ist es unmöglich, ihm* [Gott] *wohlzugefallen"* (Hebräer 11,6). Deshalb haben sie Mangel an Heiligem Geist.

Mit Wort und Geist können wir die Welt für Christus gewinnen. Diese beiden, Gottes eigenes lebendiges Wort und der Heilige Geist, sind mächtig. Sie sind unsere Quellen, unsere zuverlässige Hilfe. *„Hin zur Weisung und zur Offenbarung! Wenn sie nicht nach diesem Wort sprechen, dann gibt es für sie keine Morgenröte"* (Jesaja 8,20).

Wenn Gott sich selbst in uns „hineingießt“,

ist er kein Element, von dem wir wie undichte Gefäße

immer wieder nachgefüllt werden müssten.

Gott verdunstet oder verbraucht sich nicht.

Wir mögen schwanken, Gott aber nicht.

Er ist der felsenfeste Fels.

KAPITEL 13

Praxis im Geist

Wenn wir geistgesalbt sind ..., können wir dann für alles, was wir tun und sagen, mit Gottes Rückendeckung rechnen? Welche Vollmacht haben wir, welche Handlungen sind richtig und welche falsch?

Nun, es ist herrlich, mit dem Heiligen Geist erfüllt zu sein. Unsere kleinen Herzen sind eine Zone der unvorstellbaren Größe Gottes! Verglichen mit seiner unendlichen Gegenwart, sind wir mikroskopisch klein. Unser Wollen und Wünschen, selbst unsere „Rechte" scheinen in den Tiefen von Gottes allumfassendem Willen wenig Bedeutung zu haben. Und doch hat er uns das Recht gegeben, in seinem Namen zu sprechen. Das ist eine atemberaubende Beziehung. Aber bedeutet die Tatsache, seinen Geist zu haben, dass wir nun unabhängig und wahllos alles durch den Geist tun können?

Da der Dienst hauptsächlich in Worten besteht, kann das, was wir sagen, vom Heiligen Geist sein oder nicht. Kann es sein, dass Anmaßung oder gar Arroganz in unseren Worten liegen? Oder ist alles vom Geist gesegnet, mutig und zulässig?

Uns sind die Dinge Gottes anvertraut, und wir sollen darin treu sein, in seinem Namen sprechen. Hier wird geprüft, wer wir wirklich sind. Was ist unsere Haltung? Zu sagen, wir seien demütig, zeigt, dass wir es nicht sind, nur stolz auf unsere Demut.

> Es ist herrlich,
> mit dem Heiligen
> Geist erfüllt zu sein.
> Unsere kleinen Herzen
> sind eine Zone der
> unvorstellbaren
> Größe Gottes!

Paulus sagte, er beurteile sich selbst, und das müssen wir auch. Wie und nach welchen Kriterien bewerten wir uns?

Die einzige „Regel" für die Handhabung göttlicher Dinge ist – Gottes Wesen. Um in seinem Namen handeln zu können, müssen wir ihn kennen. Viele Menschen der Bibel dienten Gott. Wie sahen und verstanden sie ihn?

Wenn man dafür nur ein einziges Beispiel herausgreifen sollte, müsste es wohl Jesaja 6 sein, die Beschreibung, wie Jesaja Gott begegnete. Er sah die Wahrheit über Gott – den, für den er „arbeiten" würde. Das hat den Propheten für immer beeinflusst, sein Leben und seine Botschaft geformt. Was Jesaja veränderte, war diese Vision. Er sah den Herrn auf einem Thron, hoch und erhaben. Himmlische Wesen von unbeschreiblichem Glanz dienten ihm, lebendige, sündlose Geschöpfe. Aber so großartig sie auch waren, bedeckten selbst sie vor dem Thron ihr Angesicht und riefen: „*Heilig, heilig, heilig ist der Herr der Heerscharen!"* (Jesaja 6,3).

Jesajas erste Reaktion war Selbstverachtung: „*Wehe mir, denn ich bin verloren. Denn ein Mann mit unreinen Lippen bin ich [...] Denn meine Augen haben den König, den Herrn der Heerscharen, gesehen*" (Jesaja 6,5). Der Anblick von Gottes überwältigendem Wesen wirkte sich auf alle seine Prophetien aus. Niemand sprach von Gott wie Jesaja. Seine Prophetie gibt uns einen Schimmer von Gottes unvorstellbarer Majestät: Der Herr ist vollkommen anders als alles, was wir kennen. Seine Gedanken sind so hoch über unseren Gedanken wie der Himmel über der Erde. Für ihn sind die Nationen wie ein Tropfen im Eimer und alle Weltbewohner wie Grashüpfer, die vom Wind fortgetragen werden.

Durch Jesaja bezeichnet sich Gott als heilig: *„Ich bin der Herr – und sonst keiner"* (Jesaja 45,6). Wir wissen nicht, wie er ist, denn wir haben niemanden, mit dem wir ihn vergleichen könnten: *„An wem wollt ihr mich messen?"* (Jesaja 46,5 EÜ). Ein ums andere Mal nennt er sich *„Ich"* und betont es mit *„Ich, Ich"* oder *„Ich bin es"*. Er sagte, er werde seine Ehre keinem andern geben (Jesaja 42,8) – das heißt, kein anderes Wesen kann es mit ihm aufnehmen. Die schlimmste Versuchung derer, die Gott dienen, ist, die Ehre für sein Wirken sich selbst zuzuschreiben. Gott heilt, Gott errettet – nicht wir. Wir sind Instrumente in seinen Händen – Violinen, nicht der Violinist. Wenn wir Segen bringen, sind wir nicht die Segnenden, die dafür Bewunderung annehmen dürften. Wir sind nichts ohne ihn.

Jesajas Art von Erkenntnis zügelte jede Arroganz. Er versuchte nie, Gott herumzukommandieren. Wir sollten es auch nicht! Gott in kühnem Glauben anzurufen ist eine Sache, aber „Sprich es und Gott tut es?" eine ganz andere. Was glauben wir, wer wir sind? Gott handelt nicht nach unserem Befehl oder wartet, dass wir ihn auf die Bühne rufen.

Können wir jemandem Gott anbieten? „Empfange mehr Gott, mehr Heiligen Geist!"? Klar, wir alle wollen das Beste, das Gott für uns hat. Der Punkt ist nur, dass das Beste von Gott er selbst ist, der eine Liebende! Wir sagen ja auch nicht: „Ich möchte mehr Ehemann oder Ehefrau, mehr Vater oder Mutter, mehr Sohn oder

Tochter." Sie sind doch Personen, keine Dinge, und so ist es auch mit Gott. „Mehr" von Gott kann nur bedeuten, dass Gott „mehr" von uns bekommt, mehr von unserem Leben, unserem Willen und unserer Liebe. Wir erkennen seine Liebe besser, wenn wir ihn mehr lieben.

Wir sind unvollkommen, aber Gott ist ganz und gar unser, von dem Moment an, wo wir zu ihm kommen; er hält nichts zurück. Gott ist nicht in Mengen erhältlich, kann nicht Kilo für Kilo abgewogen werden. Gott ist nichts, was man anhäufen oder sammeln könnte, keine weitere Auslage für unser Schaufenster. Jesaja hat nach seiner Vision von Gott sicher nicht in diesen Kategorien gedacht! Wir müssen nicht jedes Wort zerlegen, aber tatsächlich hören wir immer wieder, wie Menschen uns mehr Heiligen Geist oder mehr Gott anbieten. Können sie nach Belieben so viel von Gott geben, als würden sie Süßigkeiten abwiegen und über den Ladentisch aushändigen? Kann man über die Majestät des Allmächtigen verfügen?

Manche sprechen von „einer Taufe und vielen Füllungen". Ist Gott der Heilige Geist in Nachfüllungen erhältlich? Eine solche Bedeutung findet sich in keiner der 140 „Fülle"-Bibelstellen. Wenn Gott sich selbst in uns „hineingießt", ist er kein Element, von dem wir wie undichte Gefäße immer wieder nachgefüllt werden müssten. Gott verdunstet oder verbraucht sich nicht. Die Vorstellung, dass eine Beziehung mit Gott oder dem Geist wie Ebbe und Flut, Hochs und Tiefs verläuft, wird in der Bibel nicht einmal angedeutet. Wir mögen schwanken, Gott aber nicht. Er ist der felsenfeste Fels. Der Geist ist der ewige Geist – denn sein Leben in uns hat göttliche Qualität.

Man hat aus Epheser 5,18 einen Schlüsselvers gemacht: *„Und berauscht euch nicht mit Wein, worin Ausschweifung ist, sondern werdet voller Geist."* Eine Interpretation lautet, wir hätten die Wahl, entweder vom Wein oder vom Heiligen Geist betrunken zu sein. Das entspricht aber nicht dem Text; denn nur zu viel Wein macht Menschen betrunken. Zu viel von Gott gibt es nicht.

Auch wurde der Vers so gedeutet, dass man vom Heiligen Geist betrunken sein könne. Ja, Gottes Wirken kann uns erheben, ins Taumeln bringen, hinstrecken. Aber der Text sagt nicht, es sei vergleichbar, vom Wein oder vom Geist trunken zu sein. Hier wird ein Gegensatz und keine Analogie beschrieben. Der Heilige Geist wirkt in uns nicht wie Alkohol. Nach Meinung mancher kann man von Gott „high" sein wie von einer Droge. Das klingt verdächtig, und der griechische Text lässt eine solche Interpretation auch nicht zu. Trunkenheit und Rausch verherrlichen Gott nicht. Gott gibt uns einen *„Geist der Kraft, der Liebe und der Besonnenheit"* (2. Timotheus 1,7 EÜ).

Derselbe Epheser-Vers wurde als Aufforderung zitiert, Gott für weitere Erfüllungen aufzusuchen, und man verweist auf den Wortlaut: „Werdet erfüllt …" Nun, die griechische Verbform ist ein Imperativ Passiv Präsens: Nicht wir tun etwas, sondern es wird an uns getan. Die Anweisung und Verpflichtung für uns heißt also: Wir müssen dafür sorgen, erfüllt zu sein, obwohl wir uns nicht selbst erfüllen können. Daraus folgt schlicht: Wir sollen uns so offen halten, dass uns der Heilige Geist ständig füllen kann, und das tut er auch. Nur er kann es. Dieser Zustand beginnt mit der Geistestaufe. Wie sonst kann man erfüllt werden, wenn nicht schon vorher von der „Substanz" vorhanden ist?

Diese Einsicht ist wahr und wichtig. Geistgetauft zu werden, ist keine einmalige, aber auch keine wiederholbare Erfahrung. Wir empfangen nicht etwas Geist, der uns eine Weile reicht, und müssen dann wieder aufgefüllt werden, wie wenn man regelmäßig zum Supermarkt geht. Es gibt kein „zweites Pfingsten". Der Heilige Geist kommt, um zu bleiben. Er macht nicht erst Stippvisiten, bevor er sich zum Einzug entschließt, oder kommt in Etappen – eine solche Annahme ist schlimmer als Unsinn, sie ist eine Verzerrung der Wahrheit.

> Die schlimmste Versuchung derer, die Gott dienen, ist, die Ehre für sein Wirken sich selbst zuzuschreiben. Gott heilt, Gott errettet – nicht wir. Wir sind Instrumente in seinen Händen.

Die Taufe mit Wasser ist in wenigen Augenblicken vorbei. Mit der Taufe im Heiligen Geist ist es grundlegend anders. Ein Mensch kann uns mit Wasser taufen, aber nur Jesus Christus kann uns mit dem Geist taufen. Kein Mensch hat dazu die Macht oder das Recht. Es war und bleibt das göttliche und ausschließliche Vorrecht Jesu; er allein ist der Täufer im Geist.

Wenn wir vom Geist erfüllt werden, öffnet dies die Schleusen für einen nie versiegenden Strom. Die gleiche unendliche Auswirkung hat unsere Errettung – sie ist der Beginn eines ewigen Vorgangs. Wir können sagen: Ich wurde errettet, bin errettet worden, werde errettet, bin errettet und werde errettet werden – denn das in uns wirkende Leben ist ewig, eine Eigenschaft, die nicht sterben kann. Leben kennt keine Stagnation. Vom Wesen her ist es ein aktiver Prozess. Der Geist ist ein Wind und weht, sonst wäre er kein Wind.

„Übertragung". Handauflegung ist biblisch. Jesus kündigte an, dass Jünger Heilungsdienste tun würden, indem sie Kranken die Hände auflegen (Markus 16,18). Diese normale „Hand"lung wird auch in vielen anderen Bibelstellen erwähnt.[11] Man könnte sie „Vermittlung" nennen. Nicht nur Heilung geschieht normalerweise, indem ein Mensch dem andern dient. Ähnlich „vermitteln" wir auch Wissen, das Verständnis des Wortes und der Evangeliumswahrheit, wodurch Gottes Segnungen zu den Menschen gebracht werden. Das Wörterbuch definiert „vermitteln" als mitteilen, geben. Dies beschreibt unseren Dienst am andern.

Aber wenn wir Hände zur Heilung auflegen, können wir keine Heilung „übertragen". Man darf auch hinterfragen, ob es richtig ist, von „Heilung geben" zu sprechen. Dennoch hält sich die Doktrin von der „Übertragung", also dass geistliche Segnungen durch Handberührung von einer Person an eine andere weitergegeben werden können. Diese Bedeutung von „übertragen" wird von den meisten charismatisch-pfingstlichen Christen nicht akzeptiert. In der Gemeindesprache ist Handauflegung kein Sakrament. Geistgetaufte Christen sprechen höchstens von Anordnungen, aber nicht von Sakramenten. Die beiden Anordnungen Taufe und Abendmahl sind physische Handlungen, keine Mittel zu einer geistlichen Übertragung. Gott gebraucht sie nur, wenn Glaube tätig wird. Eine geistliche Wirkung erfolgt nur durch eine geistliche Ursache – Gebet und Glauben an Gott.

Diese „Übermittlung" betrifft noch eine andere Seite: den Geist übermitteln, also Gott übermitteln. Sicher sollten wir Hilfe, Ermutigung, Weisheit oder andere Wohltaten vermitteln, auch können wir Hoffnung und Stärkung geben, aber können wir

Gott geben? Können wir sagen: „Ich gebe dir den Geist" oder auch: „Empfange den Geist"? Gehört der Geist uns und können wir mit ihm machen, was wir wollen, ihn also auch an Menschen verteilen? Ist Gott ein so gewöhnliches und leicht erhältliches Gut, dass wir ihn nach Belieben weitergeben können? Können wir einfach über ihn verfügen? Wartet Jahwe, der große „Ich bin", auf einen Prediger, damit dieser ihn jemandem aushändigt? Eilt der allmächtige Gott hierhin und dorthin, wie es ihm ein Evangelist oder Bibellehrer aufträgt? *„Wer bestimmt den Geist des Herrn?"* (Jesaja 40,13 LU).

Das Konzept der Übertragung findet sich in Liedern, die „mehr von Gott" oder „mehr Heiligen Geist" wollen. Was für einen Gott beschwören solche Ausdrücke? Ja, Gott legt seine Segnungen und Gaben in unsere Hände, um sie an andere weiterzugeben, aber bitte nach seinem Willen. Wir haben keine unabhängige Autorität. Jesus sagte: *„Umsonst habt ihr empfangen, umsonst gebt"* (Matthäus 10,8). Aber wir können nicht alles geben. Wo sind wir autorisiert, „mehr von Gott" zu geben? Gott ist ein Wesen, eine Person, kein Element, und fügt sich gewiss keinen hochnäsigen Vorschriften. „Ich befehle dir, den Heiligen Geist zu empfangen" ist ein Befehl an Gott oder macht aus ihm selbst einen Diktator!

> Es gibt kein „zweites Pfingsten". Der Heilige Geist kommt, um zu bleiben.

Wir können Gott nicht dirigieren. Wir können Gott, Feuer oder Kraft nicht an Menschen weitergeben, wie man Almosen austeilt – erst recht nicht durch eine bloße Berührung. Jemandem zum Empfang von Feuer die Hände aufzulegen, wirkt ganz hübsch überzogen. Geistliches Feuer ist Gott, nicht nur eine Flamme, die von Gott herabfällt. Es ist so wichtig, zu verstehen, dass Jesus und nur Jesus allein es ist, der mit Heiligem Geist und Feuer tauft. Der Geist geht vom Vater und Sohn aus und kommt nur in glorreicher Übereinstimmung ihres Willens. Jesus starb, stand von den Toten auf und stieg zum Vater empor, um uns den Geist und das Feuer zu übertragen – das große Geschenk! Wir können seine heilige Befugnis nicht an uns reißen und auf jeden das Feuer des Heiligen Geistes legen.

Die Geistestaufe ist Gottes Salbung und nicht übertragbar, schon gar nicht durch körperliche Berührung! Der Versuch, geistlichen Segen mit Händen oder Gesten zu vermitteln, ist Voodookult, kein Glaube. Die Apostel legten den bekehrten Samaritern die Hände auf und diese empfingen den Heiligen Geist, aber sie hatten vorher dafür gebetet (Apostelgeschichte 8,14-17). Die Handauflegung ist keine Übertragung, sondern eine Geste des Gebets.

> Die Geistestaufe ist Gottes Salbung und nicht übertragbar, schon gar nicht durch körperliche Berührung!

Wenn wir alle den Heiligen Geist empfangen haben, ist keiner von uns hierin größer als ein anderer. Niemand hat eine Extraportion Geist, eine Reserve an Kraft oder Feuer mit anderen zu „teilen". Unser Jungfrauenöl ist für die eigene Lampe, nicht für die andern (Matthäus 25,7-9). Die Frau eines Propheten kam zu Elisa. Nach seinen Anweisungen füllte sie jedes verfügbare Gefäß mit Wunderöl und „schloss die Tür". Es gehörte ihr allein (2. Könige 4,3-7). Sterbliche haben keine Zulassung, Gott an irgendjemanden auszuteilen. Wir können Gott nicht von Menschen empfangen, nur von Gott. Er hat keinen Zwischenhandel für sich selbst. Unsere Aufgabe besteht darin, zu dienen, zu lehren, zu ermutigen und füreinander zu beten. Manche dienen mit einer besonderen Reichweite, aber nicht in besserer Kraft. Wir alle können *„einer des anderen Last"* tragen (Galater 6,2), Glauben zeigen, uns gegenseitig im Glauben ermutigen und Hoffnung aus dem Wort verbreiten. Vor Gott sind wir so klein, dass Unterschiede unter uns kaum bemerkbar sind.

> Sterbliche haben keine Zulassung, Gott an irgendjemanden auszuteilen. Wir können Gott nicht von Menschen empfangen, nur von Gott. Er hat keinen Zwischenhandel für sich selbst.

Damit sind wir aber keinesfalls unbedeutend oder unbrauchbar. Wir sehen durchaus Früchte unseres Arbeitens. Wenn wir demütig vor unserem Gott wandeln, sind wir vielmehr mächtig in ihm, können üble Festungen zerstören (2. Korinther 10,4) und nehmen es in der Evangeliumskraft des Heiligen Geistes gegen die weltliche Welt, dieses *„böse und treulose Geschlecht"* (Matthäus 12,39 KJ), auf. Natürlich ist die Ausrüstung, die Gott uns gab, nicht für uns allein gedacht. Jeder Einzelne hat einen Frontabschnitt – doch Gottes Nachschublinien sind direkt und unzerstörbar. Er ist nicht auf die Hilfe Dritter angewiesen. Unser Hauptmann hat nie einen Kampf verloren und keinen seiner Männer im Stich gelassen.

Gott diktiert uns nicht,

was wir tun sollen;

denn wir sind nach seinem Bild mit einem

freien Willen erschaffen worden.

Sein Segen bietet so viele Möglichkeiten.

Es gibt keine Verheißung,

dass Gott uns alle Entscheidungen abnimmt.

Wir handeln nach eigenem Wollen,

nicht auf Gottes Befehl.

Gott ist nicht verantwortlich

für unser eigenes Tun.

KAPITEL 14

Eifer um Geistesgaben?

Geistesgaben waren für die Korinther wohl eine Art Versuchung. Offensichtlich praktizierten sie diese, doch Paulus sagte ihnen: *„Was aber die geistlichen* [Gaben] *betrifft,* [...] *will ich nicht, dass ihr ohne Kenntnis seid"* (1. Korinther 12,1). Ihre Unkenntnis oder zumindest Lernbedürftigkeit darin war eindeutig. Gaben zu haben, bedeutet eben nicht, dass wir alles wissen. Seit Beginn der heutigen Geisteserweckung musste viel gelernt werden; hoffentlich trägt dieses Buch dazu bei.

Zweifellos wetteiferten die Korinther darum, wer die besten Gaben hätte. Dies ist dem ersten Korintherbrief klar zu entnehmen. Darum dürfte es den Sinn verfehlen, wenn 1. Korinther 12,31 als Befehl übersetzt wird: *„Eifert aber um die größeren Gaben!"* Der Text ist wohl eher so wiederzugeben: *„Ihr eifert nach den größeren Gaben."* (ZÜ) So weit, so gut. Allerdings nutzten die Korinther die Gaben zum Angeben – womöglich war das der Punkt, von dem an vieles falsch lief.

Paulus will, dass die Korinther dies besser verstehen und spricht vom Allerwichtigsten. Dabei dämpft er nicht den Gabeneifer, ergänzt aber (sinngemäß): *„Und jetzt zeige ich euch noch etwas viel Größeres – Liebe!"* Wir dürfen nicht mit der Liebe prahlen, aber durchaus darin wetteifern, mehr zu lieben als andere. *„Tut nichts aus Selbstsucht oder nichtigem Ehrgeiz, sondern in Demut achte* *einer den anderen höher als sich selbst"* (Philipper 2,3 SCH). Paulus schreibt dreizehn Verse über die Liebe und endet so: *„Nun aber bleiben Glaube, Hoffnung, Liebe, diese drei; die Größte aber von diesen ist die Liebe"* (1. Korinther 13,13 SCH). Wenn wir einmal im Himmel sind und auf all unsere Fragen Antwort bekommen, werden wir erkennen, dass Liebe alles ist. Paulus war der größte Theologe der Welt, doch er komprimiert sein ganzes Wissen in einem Wort – Liebe. Jesu Gesetzesverständnis war ganz ähnlich. Der Apostel war aber nicht der einzige gelehrte Gottesmann, der so sprach. Karl Barth, ein herausragender Bibelgelehrter des 20. Jahrhunderts, zitierte als Fazit seiner Erkenntnisse das Kinderlied: „Jesus liebt mich ganz gewiss, denn die Bibel sagt mir dies."

Wenn wir Geistesgaben wünschen, aber keine Liebe haben, benehmen wir uns wie Kinder mit Spielsachen. *„Als ich ein Mann wurde, tat ich weg, was kindlich war [...] Am Verstand aber seid Erwachsene!"* (1. Korinther 13,11; 14,20). Nicht die Gaben sind das Kindische, was Paulus wegtat. Er sagt sogar: *„Ich rede mehr in Sprachen als ihr alle"* – und war Gott dafür dankbar (1. Korinther 14,18). Aber man sollte nicht miteinander um Göttliches feilschen. Wir werden zur Reife ermuntert.

Einer der Kritikpunkte gegen das Zeugnis von der Erfüllung mit dem Heiligen Geist und den darauf folgenden Zeichen lautet, dass man sich damit aufspiele, besser zu sein als andere. Ich habe noch nie gehört, dass sich jemand dieses Gedankens schuldig gemacht hätte. Tatsache ist: Wir alle haben unterschiedliche Gaben und sie sind nicht unser Werk. Nichts, was wir tun, ist ein Grund zum Prahlen. Vögel können fliegen und sind in dieser Hinsicht uns Erdenmenschen überlegen. Aber mit ihrer Flugfähigkeit dürften

sie nicht prahlen, denn so wurden sie einfach erschaffen. Was
wir haben, ist von Gott, um welche Gabe es sich auch handelt.
Diejenigen, die Gott mit der Taufe im Heiligen Geist gesegnet
hat, sind an sich keine besseren Menschen, aber dankbar für solch
ein Geschenk. Wir alle stehen vor Gott gleich da, keiner ist höher
als der andere. Paulus sagte: *„Durch Gottes Gnade bin ich, was ich
bin"* (1. Korinther 15,10).

In diesem dritten Jahrtausend stehen wir staunend vor dem, was
Gott in den einhundert Jahren getan hat, seit Christen in jener
unscheinbaren Kirche in Los Angeles in Zungen sprachen. Die
Erweckung hat manch dunkle Tage erlebt, viele Täler und Höhen
erreicht und Veränderungen gesehen. Gott hat unter seinem
Volk gewirkt. Er ist konstant, Menschen nicht, auch nicht sein
Volk. Das Zeugnis der Geistessalbung hat zwei Weltkriege und
die Weltwirtschaftskrise überlebt und setzte sich in Zeiten religiösen Niedergangs oder kritischer Gelehrsamkeit durch. Seine
Verbreitung hat bewiesen, dass Gott hier am Werk ist – ganz
ohne weltweiten Anführer oder nationalistische Beweggründe. Es
hat die christliche Welt tief beeinflusst. Seine Kraft ist mehr als
offensichtlich.

Charismatische Erneuerung

Nachdem das Zeugnis des Heiligen Geistes verankert war, voll-
zog sich etwas Neues – die „Charismatische Erneuerung". Sie
hatte mehr als eine Quelle, aber ein neues geistliches Verlangen
kam von David du Plessis, dem Vorsitzenden der Weltpfingst-
konferenz, der auch mein geschätzter Freund und Leiter von

Christus für alle Nationen in den USA war. Er fühlte sich dazu berufen, führenden katholischen und anderen Persönlichkeiten von der Realität des Heiligen Geistes zu berichten. Wie er mir erzählte, hat Smith Wigglesworth ihm prophezeit, er werde die größte Erweckung der Welt leiten. In den 1960ern und frühen 70ern entstand in den Kirchen ein neuer Hunger nach Gott, besonders nach Geistesgaben. Es gibt Berichte über Bischöfe, die um den Altar der St.-Pauls-Kathedrale in London tanzten, und über die Katholischen Pfingstler. Traditionelle Kirchen wurden mit neuem Leben und Glauben durchflutet.

Die Erkenntnis, dass Gottes Gaben für alle Christen von heute verfügbar sind, bewirkte eine noch größere Sehnsucht. Viele wünschten sich ein noch klareres Leben mit Gott. Es war eine geistliche Revolution – gekennzeichnet von einem frischen Geist der Anbetung, Freude und Freiheit. Der Heilige Geist verteilte Gaben. Aber er weitete auch den Blick für eine intimere Beziehung mit Gott.

Dies war schier unglaublich für Christen, die sich längst zum Wirken des Heiligen Geistes bekannten, dafür aber nur Demütigung erfahren hatten. Einst verspottet, wurden sie jetzt geehrt. Tatsächlich hatte sich in der Bewegung Unsicherheit bezüglich der Zungenrede breitgemacht, und die freie Anbetung wurde heruntergefahren. Unter dem Druck ständiger Kritik an den Geisterfüllten hatte deren Stil schon nüchterner, gedämpfter werden lassen. Immer häufiger sahen sie die etablierten Gemeinden als Vorbilder für religiösen Benimm und dachten, dass feurige Evangeliumsverkündigung nicht die beste Art sei, Menschen zur Bekehrung zu führen.

Allerdings begeisterte gerade diese ausgelassene Hingabe Angli-
kaner, Baptisten, Lutheraner, Methodisten oder Brüdergemeinden.
Diese Christen waren voller Freude, sie tanzten, klatschten und
taten all das, was man eigentlich von Pfingstlern erwartet hätte,
dort aber aus Furcht vor Ablehnung möglichst unterlassen wurde. In den 1970ern nahmen sich die Pfingstler ein Beispiel an
den Charismatikern. Sie begannen, ihre engen Korsette wieder
abzulegen, in großen Zügen vom Wein des Geistes zu trinken und
„Feierkleider" anzulegen (Jesaja 61,3 SCH).

Die Charismatische Bewegung verband Gemeinden aller Art in
dem Wunsch nach einem Leben mit Geistesgaben. Sie *„strebten
nach den Gaben des Geistes"*. Die klassischen Pfingstgemeinden
hatten lange die Gaben praktiziert, hauptsächlich jedoch münd-
liche Offenbarungen wie Zungenrede, Auslegung und Prophetie.
In Anlehnung an die Schrift legten die Charismatiker den
Schwerpunkt auch auf andere Geisteswirkungen wie Kraftwir-
kungen und Heilungsgaben – nicht drei, sondern neun Gaben
zählt Paulus im 1. Korintherbrief auf.

Praxis der Geisterfüllten

Die klassischen Pfingstler hatten ein mehr oder weniger gemein-
sames Glaubensbekenntnis, allerdings gab es auch mancherlei
Strömungen mit Anhängseln an die pfingstliche Grundwahrheit.
Während sich die Lehre über den Heiligen Geist von Land zu
Land ausbreitete, wurde sie hier und da mit lokalen oder natio-
nalen Bräuchen verwoben oder brachte selbst gewisse Methoden,
Mittel und Eigenheiten hervor.

Welche Gemeinsamkeit lässt eigentlich Gemeinden zueinander gehören? Gibt es etwas, was in jeder einzelnen Gemeinde vorhanden
ist und die Geistesbewegung kennzeichnet? So unwahrscheinlich
es ist, kommt es der Realität doch unerhört nahe. Ein Gelehrter,
der weltweit anerkannte Experte Dr. Walter Hollenweger, wollte in seinem Buch „Die Pfingstkirchen" nachweisen, dass diese
keinen gemeinsamen Hauptnenner hatten, doch er hatte größte
Schwierigkeiten, einen wirklichen Unterschied zu finden. Der
Heilige Geist hat tatsächlich über alle
Kontinente hinweg eine Einheit zwi-
schen unzähligen Konfessionen und
Gemeinden geschaffen – ein Beispiel
wahrer, vom Heiligen Geist gewirkter
Ökumene! Die Erfüllung mit dem
Heiligen Geist ist wie ein Familienausweis. Kritiker haben die
Bewegung für ihren (angeblichen) Hang zur Spaltung kritisiert.
Aber gewöhnlich waren solche Vorgänge ein Zeichen für Leben,
das wächst, indem Zellen sich teilen und vermehren und einen
Leib mit vielen verschiedenen Körperteilen bilden.

> Paulus war der größte Theologe der Welt, doch er komprimiert sein ganzes Wissen in einem Wort - Liebe.

1. Korinther 12–14

Die genaue Situation in der Korinthergemeinde ist uns nicht bekannt. Korinth war eine römische Stadt mit griechischen Einflüssen.
Die Treffen der Gläubigen unterschieden sich stark von heutigen
Abläufen. Paulus sprach davon, dass *„die ganze Gemeinde zusam-
menkommt"* – an einem Ort, auch wenn das so nicht im Text steht
(1. Korinther 14,23). Ob die Strukturen ähnlich wie bei uns waren, ob man sich zu einer bestimmten Zeit und für eine bestimmte

Dauer traf, ist unklar. Viele waren Sklaven, für die es schwierig gewesen sein muss, überhaupt anwesend zu sein. Die Freien und Bessergestellten dehnten die Versammlung vielleicht auf den ganzen Tag aus. Wir wissen, dass sie Essen mitbrachten und bei ihren christlichen Treffen gut miteinander speisten. Die Korinther waren anders als die städtischen Gemeinden unserer Tage und neigten mehr dazu, ihr eigenes Ding zu machen. Mit seinem Brief versucht Paulus, etwas Ordnung in die Verhältnisse zu bringen. Seine Zeilen wurden für konkrete Menschen zu einem konkreten Zeitpunkt und mit konkreten Gewohnheiten verfasst. Man sollte dies berücksichtigen und auch fragen, was Gott sonst noch zum Thema sagt.

Paulus beabsichtigte eine Orientierungshilfe für Geistesoffenbarungen. Wenn wir anfangen, aus seinem Leitfaden ein Gesetz zu machen, engt es das Gemeindeleben ein, könnte allerdings auch, wie jedes Gesetz, buchstabenfixiert umgangen werden. Falls man zum Beispiel pro Gottesdienst nur drei Prophetien haben dürfte (was Paulus nicht sagt), könnte man den Gottesdienst offiziell beenden und sofort wieder beginnen, um Raum für weitere drei Prophetien zu schaffen!

Ernsthaft gesprochen: Hinter diesen Regelungen für Korinth stehen einige überall gültige Prinzipien. Wir sollten sie einmal genauer untersuchen.

„Die anderen sollen urteilen" (1. Korinther 14,29). Es ging nicht so sehr darum, wie viele Prophetien gebracht wurden, sondern wie mit ihnen umzugehen war. Dieser Punkt bereitete Paulus Sorge. Prophetie sollte nicht verboten, aber geprüft werden. *„Weissagungen verachtet nicht, prüft aber alles, das Gute haltet fest!"*

(1. Thessalonicher 5,20f). Prophetisches Reden war üblich, oft aber flach, und alle wollten gleichzeitig sprechen. Deswegen schrieb Paulus (1. Korinther 14,31): *„Ihr könnt einer nach dem anderen alle weissagen"* (also nicht nur drei!). Er unterstützte Weissagung, bestand jedoch darauf, dass alle, auch die energisch als geistgewirkt bezeichneten Äußerungen von jedem persönlich zu prüfen seien. Prophetie wurde schon oft zu einer bitteren Wurzel für die Verbreitung von Irrtümern, Irrlehren und Spaltungen selbst ganzer Denominationen. Auch wenn es keinerlei Bestätigungen gab, glaubte man Männern und Frauen, die irgendwoher auftauchten und Worte machten.

> Wenn wir die Schrift gründlich kennen, sehen wir, dass Gott nie zwingend befiehlt oder bindend berät, weder durch Prophetie noch durch andere Mittel. Er ist Leiter und kein Feldwebel.

Wenn jemand in einer christlichen Versammlung, einem Gottesdienst, einer Konferenz oder einer kleinen Gruppe von zwei oder drei Personen aufsteht und weissagt, darf das Wort nicht ohne jede Bestätigung offiziell angenommen werden. Niemand ist dazu berechtigt, eine Gemeinde durch Prophetie in eine bestimmte Richtung zu lenken. Wenn eine Gemeinde allein aufgrund einer Prophetie Schritte unternimmt, ist sie unreif und bewegt sich außerhalb von Gottes Wort. Solche Prophetien wurden zu Zeiten der Apostel nicht angenommen. Gott gibt uns Weisheit, die auch auf Weissagungen anzuwenden ist. Wenn ein prophetisches Wort gegeben wird, haben andere Menschen das Recht, sich darüber ihre Meinung zu bilden. Der richtige Umgang mit Prophetien ist, sie zu prüfen und „das Gute zu behalten". „Gut" beinhaltet nicht, dass es rechtlich bindend ist, als handelte es sich um die Bibel.

Selbst wenn die weissagende Person ein Gottesmensch ist, gilt, dass kein Prophet unfehlbar ist. Agabus sagte, die Juden würden Paulus in Jerusalem gefangen nehmen, was sie nicht taten. Die Römer nahmen Paulus gefangen. Paulus überging manche Prophetien (zumindest deren Details oder Deutungen), die ihn von seinem Weg abgebracht hätten, den Gott ihm gezeigt hatte.

Man missbraucht eine Gabe, wenn man durch sie Entscheidungen oder Handlungen vorschreibt. Davon ist in der Apostelgeschichte nichts zu lesen. Geistgewirkte Äußerungen sind zur Ehre Gottes und zur *„Erbauung, Ermahnung und Tröstung"* bestimmt (1. Korinther 14,3). Der Grund liegt auf der Hand: Gott diktiert uns nicht, was wir tun sollen; denn wir sind nach seinem Bild mit einem freien Willen erschaffen worden. Sein Segen bietet so viele Möglichkeiten, aber er respektiert auch unsere heiklen Willensentscheidungen. Auch durch Prophetie stellt er nicht unser Innerstes bloß, sondern möchte unserem Tun Begleitung und Gedeihen geben. Es gibt keine Verheißung, dass Gott uns alle Entscheidungen abnimmt. Wir handeln nach eigenem Wollen, nicht auf Gottes Befehl. Gott ist nicht verantwortlich für unser eigenes Tun.

Auf der andern Seite haben wir die Zusage, dass er uns leitet und *„vom Herrn her eines Mannes Schritte gefestigt"* werden (Psalm 37,23). Freiheit ist nicht mit Eigensinn zu verwechseln. Wie Gott uns gehen lässt, wohin wir wollen, und uns gleichzeitig leitet, ist kein dunkles Geheimnis, sondern eine herrliche Sicherheit. Natürlich kann er uns nicht leiten, wenn wir nicht gehen. Ein Schiff muss sich erst in Bewegung setzen, bevor man es steuern kann. Wir gehen, aber wir gehen im Geist, vom Geist geführt. Das gilt für unser ganzes christliches Leben – Gebet, Bibellese, Dienst, Gemeinschaft, Gehorsam. Wir gehören Gott und doch uns selbst, unterliegen keiner geistlichen oder pastoralen Diktatur; denn „... *wenn der Sohn euch frei macht, seid ihr wirklich frei!"* (Johannes 8,36).

Leider wird oft noch das Gegenteil praktiziert. Zum Beispiel erklärt immer wieder mal ein Mann einer Frau (oder umgekehrt), Gott sage, dass sie einander heiraten sollten; oder es geschieht durch prophetische Worte von Dritten. Dies ist eine Zweckentfremdung geistlicher Dinge. Seltsamerweise meinen Menschen fast überall, dass Gott einen Ehemann oder eine Ehefrau für sie auf Lager hat. Aber Gott legt keine Ehen fest. Wir können beten und der Herr wird Dinge fügen; er kann auch an der Hochzeit teilnehmen und alles segnen. Aber der Himmel ist keine Heiratsvermittlung und dort werden keine Ehen geschlossen. Gott bestimmt nicht unseren Partner. Jede unserer Entscheidungen muss geprüft werden. Gott wird weder für uns entscheiden noch die Schuld für unsere Entscheidungen übernehmen. Eine schlechte Ehe ist unser Fehler, nicht seiner. Fügungen und Weissagungen sind keine ausreichenden Kriterien für eine so wichtige Entscheidung wie die Wahl des Lebensgefährten. Wenn jemand diesbezüglich „ein Wort vom Herrn" für uns hat, sollten wir damit sehr vorsichtig umgehen und es gänzlich ignorieren, wenn weitere Bestätigungen ausbleiben. Solche Ehen haben sich zu oft als menschlich und nicht himmlisch herausgestellt. Es gibt keine geistliche Abkürzung für Weisheit und Voraussicht.

Wenn wir die Schrift gründlich kennen, sehen wir, dass Gott nie zwingend befiehlt oder bindend berät, weder durch Prophetie noch durch andere Mittel. Er ist Leiter und kein Feldwebel. Gott kann nicht gleichzeitig unser Leben bestimmen und uns einen freien Willen geben. Häufig wird gesagt, dass Gott einen Plan für unser Leben hat. Das stimmt auch in gewissem Sinne, denn er ist der Töpfer, der uns formt. Allerdings hat er keine starre Schablone, feste Route oder enge Vorstellung, die wir entdecken und Schritt für Schritt befolgen müssten. Der einzige Weg, den er uns empfiehlt, ist der Weg der Gerechtigkeit. Auf diesem Weg machen wir vielleicht Fehler, stolpern oder fallen mehrmals hin – aber einer Sache können wir uns sicher sein: Wir befinden uns weiter auf dem Weg zur Herrlichkeit!

Christentum bedeutet

übernatürliches Wirken des Heiligen Geistes.

Der den Heiligen anvertraute Glaube

ist ein Evangelium der Wunder,

eine Wunderrettung mit

physischen Beweisen.

KAPITEL 15

Die Gaben

Paulus verwendete für die Gaben des Heiligen Geistes nie die sonst üblichen griechischen Begriffe für „Gabe", wie etwa „doron"; denn er meinte hier etwas ganz Spezifisches.[12] 1. Korinther 12 drückt nicht unbedingt das über Gaben aus, was wir darunter sprachlich und inhaltlich verstehen würden.

Das Kapitel beginnt mit „... *geistlichen Gaben*", aber das Wort „Gaben" steht so nicht im griechischen Grundtext. Der Begriff „geistliche" bedeutet „Geistlichkeiten", „geistliche Dinge" oder auch „geistliche Menschen".

Das von Paulus favorisierte Wort für „Gabe" ist geradezu sein eigener Terminus und heute jedem bekannt – Charisma; es begegnet uns auch bei der „Charismatischen Bewegung". Paulus verwendet es hundert Mal in seinen Lehren. Charis bedeutet Gnade – ein kostenloses, unverdientes Geschenk. Gnade bezeichnet in der Heiligen Schrift die Gunst Gottes. Er ist „*voller Gnade*" (Johannes 1,14), der Gott der Gnade. Er kommt auf uns zu, lächelnd, mit weit offenen Armen und kostbare Schätze bereithaltend.

Die „geistlichen Gaben" (*pneumata*) sind Gnadengaben, Charismata. Es gibt viele weitere Gaben. Alles, was mit Gott zu tun hat, ist von Gnade gekennzeichnet. Christus selbst ist das Geschenk der Gnade Gottes. Nicht alle Gnadengaben sind Wundergaben, aber alle Wundergaben sind Gnadengaben. Das Wort *cháris* ist mit *chará* verwandt – Freude. Der Herr ist der Gott der Freude. Das ist sein Naturell. Die Gaben des Geistes sind Freudengaben.

Paulus zählt drei Handlungsbereiche des Heiligen Geistes auf: Gaben, Dienste und Wirkungen, alle durch denselben Geist (1. Korinther 12,4-6). Unser Tun erreicht nur wenig, es sei denn, dass es auch sein Tun ist. Jesus sagte: *„Getrennt von mir könnt ihr nichts tun"* (Johannes 15,5).

> Nicht alle Gnadengaben sind Wundergaben, aber alle Wundergaben sind Gnadengaben.

Die Gaben des Geistes sind nicht Talent oder Genie. Man kann die eigenen Fähigkeiten nicht als „geistliche Gaben" bezeichnen. Geistliche Gaben werden göttlich ausgelöst. Gott kann durch jeden wirken. Er gibt nicht nur Linguisten die Gabe der Zungenrede, die Gabe der Weisheit nur ausgebildeten Beratern oder Heilungsgaben nur Ärzten. Für ihn müssen wir nicht brillant sein. *„Aus dem Mund der Unmündigen und Säuglinge hast du dir Lob bereitet"* (Matthäus 21,16). Etwas Ähnliches geschieht in Apostelgeschichte 2,4. Die Jünger sprachen in Zungen, wie der Geist sie befähigte. Was Gott tut, tut er durch uns, in unserem Handeln. Wenn Menschen nichts tun, tut Gott nichts mit ihnen. Und doch findet er einen Weg, die Welt zu segnen. Wenn wir nicht tun wollen, was er möchte, sucht er jemand anders.

Wenn wir genau lesen, sehen wir, dass *„jedem [...] die Offenbarung des Geistes zum Nutzen gegeben"* wird (1. Korinther 12,7) – also nicht unbedingt eine spezielle Gabe, es sei denn, wir wollen es eine Gabe der Offenbarung nennen, was natürlich zutrifft. Neun Offenbarungen des Geistes werden aufgezählt, aber es könnte noch weitere geben. Paulus erstellte gerne Listen. Er schrieb: *„Denn dem einen wird durch den Geist* [die Offenbarung] *das Wort der Weisheit gegeben, einem anderen aber* [die Offenbarung] *das Wort der Erkenntnis* [...]"* (1. Korinther 12,8). Jede Äußerung ist eine Offenbarung. Das ist es, was gegeben wird.

Niemand kann z. B. ein Wort der Erkenntnis haben, wenn er gerade will oder aufgefordert wird, außer dass es eine wahrhaftige Offenbarung des Geistes ist – sein Wille.

Allerdings gibt es Dienste, bei denen bestimmte Menschen bestimmte Offenbarungen öfter als andere empfangen. Dies könnte man als (Geistes-)„Gabe" bezeichnen. Wir lesen: *„Dem einen ist durch den Geist das Wort der Weisheit gegeben, einem anderen aber das Wort der Erkenntnis nach demselben Geist"* (1. Korinther 12,8). Es könnte sein, dass diesem oder jenem immer wieder Worte der Weisheit oder Erkenntnis gegeben werden; das entspräche auch der heutigen Erfahrung, dass gewisse Gaben anscheinend mit gewissen Menschen verbunden sind. Wir sehen es in unseren Gemeinden: Bestimmte Menschen sprechen in der Versammlung mehr als andere in Zungen oder prophetisch.

> Was Gott tut,
> tut er durch uns,
> in unserem Handeln.
> Wenn Menschen
> nichts tun,
> tut Gott nichts
> mit ihnen.

Diese Tatsache wird in dem Satz angedeutet, in dem von einer anderen Gabe die Rede ist, bei der *„einem anderen verschiedene Arten von Sprachen"* gegeben sind (1. Korinther 12,10), also verschiedene Sprachen zu verschiedenen Zeitpunkten.

Wenn Paulus fragte: *„Reden alle in Sprachen?"* (1. Korinther 12,30), ist die einfache Antwort darauf ein „Ja" – normalerweise. Die Zungenrede ist das spezifische Zeichen des Geistes für jedermann, nicht etwas, was gelegentlich vorkommt. Das meint Paulus also hier nicht, denn er sagt: *„Ich möchte aber, dass ihr alle in Sprachen redet"* (1. Korinther 14,5). Vielmehr bezieht sich diese Passage hauptsächlich auf die Versammlungen der Gemeinde in Korinth, wo die Zungenrede als Gabe, direkt ergänzt durch die Gabe der Zungenauslegung, schon eine übliche Äußerung war. (Also kann es sich nicht um das persönliche Zungengebet der Gläubigen handeln, denn Gebet braucht keine Auslegung.)

Dies ist von Bedeutung. Der Heilige Geist kann jedem eine Offenbarung geben. Aber wenn jemand mit einer Geistesoffenbarung dient, ist diese kein Alleinbesitz. Vielleicht entwickeln Menschen zum Beispiel einen bemerkenswerten Dienst der Glaubensheilung, aber sie haben nicht das Exklusivrecht darauf. Nicht selten bewirkt Gott Heilung durch Menschen, die diesen Dienst normalerweise nicht ausüben.

Dennoch sollte der Dienst anerkannt werden. Der Geist gibt *„Heilungsgaben"* (1. Korinther 12,9) als einen der *„Dienste"* (Vers 5). Wenn nun jemand für den Heilungsdienst berufen wird und ihn hingegeben ausübt, würdigt Gott dies. Er segnet die, die nach seinem Willen im Glauben vorwärts gehen.

Man beachte: Das Versprechen lautet, dass *„einem anderen aber Gnadengaben der Heilungen"* gegeben werden (Vers 9). Die Worte „Gnadengaben" und „Heilungen" werden in dem Kapitel fünf- bzw. dreimal erwähnt, und zwar immer im Plural. Eine „Gabe der Heilung" wird in der Bibel nicht erwähnt. Wie alle geistlichen oder charismatischen Gaben sind die vielfältigen Heilungsgaben Offenbarungen des Geistes durch Einzelpersonen. Dennoch ist Heilung letztlich eine Gabe an kranke Menschen. Als Johannes und Petrus den Gelähmten im Tempel sahen, sprachen sie: *„Was ich aber habe, das gebe ich dir [...]!"* (Apostelgeschichte 3,6). Sie hatten ein Geschenk für den gelähmten Mann, nämlich seine Heilung, und gaben es ihm. Jede Heilung ist eine Gabe, eine Offenbarung des Geistes. Wir üben die Kraft zu heilen nicht eigenständig aus. Solche Heilungen geschehen nach Gottes Willen, durch den Glauben und Dienst eines Gläubigen.

Diejenigen, die von Gott ausdrücklich mit Gaben (oder Offenbarungen) bedacht sind um zu heilen, wie etwa Petrus, dienen damit in einer gewissen Konstanz. Aber grundsätzlich kann jeder Gläubige – wirklich jeder – in Jesu Namen Heilung bringen und sollte dies auch tun, wenn er den Unerretteten Zeugnis gibt. Unser persönliches Zeugnis an Menschen ohne Gott kann mit Wunderheilungen einhergehen, die das Wort gemäß Markus 16,15-20 bestätigen.

> Jede Heilung ist eine Gabe, eine Offenbarung des Geistes.

Alle Offenbarungen geschehen durch den Geist, und er lässt sich nicht zum Handeln drängen oder verpflichten, außer wenn es dem Wort entspricht. (Siehe Kapitel 11, wo es um die Beziehung zwischen Wort und Geist geht.) Er bestätigt keine Übersteigerungen und reagiert allein auf das Wort, nicht auf jemandes eingebildete Wunschliste.

> Mit der Gabe kommen auch Wunsch und Gelegenheit. Gott verteilt Gaben nicht wie Pfadfinderabzeichen. Sie sind Werkzeuge für jene, die ihm dienen, und auf diesen Dienst zugeschnitten.

Kein Mensch kann jemandem eine geistliche Gabe verleihen; denn diese Gaben sind andersartig. Sie sind Offenbarungen des Geistes, die jeweils nach Gottes Willen erfolgen, und so etwas kann man einander nicht geben. Oft schon sind Menschen nach vorn gerufen worden, um eine Gabe ihrer Wahl zu empfangen. Nichts entspricht dem biblischen Gottesbild weniger. Gott sitzt nicht in einem Laden, um uns, wie es gerade beliebt, Wundergaben auszuteilen. Sie sind doch ein Ausdruck des Geistes, der Himmel und Erde geschaffen hat.

Manche sprechen vom „Entdecken der eigenen Gabe". In diesem Fall ist ein natürliches Talent gemeint, das wir zur Ehre Gottes ausbauen können, was immer es auch ist. Doch eine übernatürliche Geistesgabe ist etwas ganz anderes. Man muss sie nicht „entdecken", aber man kann sie vernachlässigen, wovor Paulus Timotheus warnte (1. Timotheus 4,14). Wir sollten uns gegenseitig anspornen, die Gabe „zu nutzen" und nicht zu suchen. Oder kann jemand ein Charisma des Geistes haben und es nicht wissen?

Mit der Gabe kommen auch Wunsch und Gelegenheit. Gott verteilt Gaben nicht wie Pfadfinderabzeichen. Sie sind Werkzeuge für jene, die ihm dienen, und auf diesen Dienst zugeschnitten. Gleich welche Gaben, Stärke, Kraft wir brauchen – Gott gibt uns alles beim Betreten des Erntefeldes, zu dem er uns führt. Er tut dies nach Bedarf und Umständen.

Alles kommt von ihm. Wir gehen im Glauben, aber wir können nichts tun als das, was das Wort erlaubt, denn der Geist folgt ausschließlich dem Wort.

Christentum bedeutet übernatürliches Wirken des Heiligen Geistes. Der den Heiligen anvertraute Glaube ist ein Evangelium der Wunder, eine Wunderrettung mit physischen Beweisen. Das Übernatürliche geschieht nur durch den Geist und nur gemäß dem Wort. Wie immer wir die Schrift lesen, man findet darin kein Evangelium, das um das Übernatürliche gekürzt ist. Jesus wurde am Kreuz entkleidet – und leider „entkleidet" man ihn noch immer. Denn viele glauben und verkünden seine Retterkraft gar nicht oder nur halbherzig. Man kann Menschenmengen auch durch Rummel, Werbung oder Programme anziehen, die das Wort Gottes außer Acht lassen und als einzigen Bezug zum Kreuz nur noch ein Gemälde an der Kirchenwand haben. Wir aber wollen nicht wagen, einen Jesus ohne Allmacht, Erbarmen und Verheißungen zu präsentieren.

Das Wort Gottes ist mehr als geistliche Theorie. Der Herr kennt die Seinen, die der Ungerechtigkeit den Rücken gekehrt haben, die kein genusssüchtiges Leben führen oder die Gemeinde selbst in einen Vergnügungsort verwandelt haben. Alles für Jesus – dann ist Jesus alles für uns!

Das Versprechen gilt uns, unseren Kindern und allen in der Ferne (Apostelgeschichte 2,39). Wenn wir tun, was die Apostel taten, bekommen wir, was die Apostel bekamen. Gottes Gunst hat keine Lieblinge – nein, nur Lieblinge.

Fußnotenverzeichnis

1   IDEA Juli/August 2006: From Jerusalem to Azusa Street   [S. 9]

2   Harvey Cox, The Reshaping of Religion in the 21st Century, da capo Press ©1995 Harvey Cox   [S. 9]

3   In der Originalfassung des bedeutenden Nicänischen Glaubensbekenntnisses (325 n. Chr.) fand der Heilige Geist kaum Erwähnung. Das erste Konzil von Konstantinopel (381 n. Chr.) fügte hinzu, er sei der Herr und Lebensspender, der vom Vater und vom Sohn kommt und mit Vater und Sohn zusammen angebetet und verherrlicht werden soll. Das zweite Konzil von Konstantinopel (553 n. Chr.) erwähnt den Heiligen Geist nur einmal, und das dritte Glaubensbekenntnis erwähnt den Heiligen Geist gar nicht. Die 25 Kanons des Konzils von Orange (529 n. Chr.) streifen das Thema des Heiligen Geistes nur am Rande und ordnen sein Werk der Gnade zu. Das Konzil von Toledo (589 n. Chr.) sprach nur vom Heiligen Geist als von Vater und Sohn ausgehend, aber nicht von seinem Wirken. Selbst die 28 Artikel des Lutherischen Bekenntnisses enthalten keine Einzelheiten über den Geist.   [S. 18]

4   Das griechische Verb plêrousthe mit dem Wortstamm pleróo, auffüllen, ist ein Imperativ Passiv in der Verlaufsform der Gegenwart (Präsens Continuum).   [S. 55]

5   Zungengesang und Auslegung von August Friemel Glogau, aus: Pfingstjubel, Missionsbuchhandlung und Verlag Altdorf bei Nürnberg, Lied Nr. 26.   [S. 63]

6   Nick Pollard: „Reden über Sport" in IDEA (Magazin der Evangelischen Allianz), Juli 2006.   [S. 71]

7   William Shakespeare: Der Kaufmann von Venedig, 1. Aufzug, 1. Szene   [S. 77]

8   Quelle: Pentecostal Currents in American Protestantism © 1999 University of Illinois Press   [S. 88]

9   „All his work is ended, joyfully we sing, Jesus has ascended, glory to our King." Übersetzt aus dem Lied „Golden harps are sounding"; Text von Frances Ridley Havergal, 1871.   [S. 89]

10   Quelle: „Why is there no revival?", veröffentlicht auf der Internetseite von Ambassadors for Christ: www.afci-usa.com   [S. 127]

11   Markus 6,5; Lukas 4,40; 13,13; Apostelgeschichte 6,6; 8,17f; 13,3; 19,6; 28,8; 1. Timotheus 4,14; Hebräer 6,2.   [S. 161]

12   Paulus verwendete bei diesem Thema die Vokabeln pneumatiká und charísmata. Er bevorzugte „Charismata", aber die Korinther sprachen gern davon, „geistlich" zu sein (pneumatikoí), und verwendeten dafür Ausdrücke ihrer mystischen Religionen. Wohl auch deshalb gab Paulus den ihnen bekannten Worten eine christliche Bedeutung, um ihnen beim Verstehen zu helfen.   [S. 179]

FULL FLAME
FILMSERIE

Christus für alle Nationen, das Missionswerk des international tätigen
Evangelisten Reinhard Bonnke, hat in Zusammenarbeit mit
E-R Productions diese außerordentliche Filmserie produziert.

Das Ziel dieser Filme und des dazugehörigen Arbeitsmaterials ist
es, in jedem Gläubigen ganz neu eine Flamme der Leidenschaft zu
entfachen, um das Evangelium in die ganze Welt hinauszutragen.

Die dramaturgische Umsetzung der Inhalte dieser außergewöhnlichen
Filmserie ist das Werk eines hoch qualifizierten Expertenteams,
das erstmals für ein derartiges Projekt zusammengearbeitet hat.

Durch eine gelungene Kooperation zwischen den Universal
Studios Florida Productions Group, den American Zoentrope
Studios, den Abbey Road Studios und dem London Philharmonic
Orchestra entstand ein filmisches Meisterwerk, von dem
christliche Gemeinden weltweit profitieren werden.

Unsere liebevollen Arme
sind die einzigen Arme, die Gott
auf dieser Erde zur Verfügung stehen.

Reinhard Bonnke

begeisternde und inspirierende Wochen für Ihre Gemeinde.

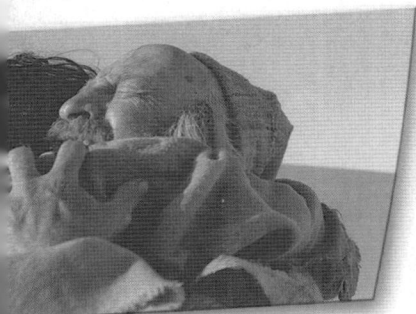

366 ANDACHTEN FÜR JEDEN TAG DES JAHRES

Jeden Tag neue Kraft durch Sein Wort

420 Seiten • ISBN 978-3-935057-61-5

... enthält eine sorgfältig zusammengestellte Auswahl dynamischer Andachten für jeden Tag aus den Veröffentlichungen des Evangelisten Reinhard Bonnke. Seine klaren, biblisch fundierten Texte, gespickt mit persönlichen Beispielen, helfen dem Leser bei der Bewältigung seines Alltags und in der Erfüllung seiner göttlichen Berufung. Jedes Tagesthema ist durch eine Fülle von Bibelstellen untermauert. So ist dieses Werk gleichzeitig ein wertvolles Studienbuch.

Glaubenssprünge

JULI

30

Die Samariterin aus dem 4. Kapitel des Johannesevangeliums
druckende Lektion zum Thema Glauben. Sie zeigt un...
einen gewaltigen Glaubenssprung in übernatürliche Höhe...
Wasser aus einem Brunnen schöpfen. Jesus hat d...
großer Hitze eine Ruhepause eingelegt. Er bittet...
...gund das verblüfft sie. Sie glaubt, einen eigenar...
anspricht. Über alle Regeln hinweggesetzt, indem...
Sie hatte etwas b... behauptet, er könne ihr eine...
... das ins ewige Leben qu...

Sein W...
...geslosung
...rr, ich glaube,
... du Christus bist,
...der Retter der Welt.

Beachte sein Wort
Johannes 4,1-42

In einem Jahr
durch die Bibel

morgens
Richter 13
Apostelgeschichte 17
abends
Jeremia 26
Markus 12

Als Nächstes hinterfrag... ...en Fremden gegenü...
Sie kommt mit einem 4... ...dürste und ich n...
Anbetung ist nicht an eine... ...damit, dass d...
findet immer und überall... ...und komm...
Anbetung unabhängig von ... ...ttert Jes...
kommt sich in solch tief... ...woo...
einem Ausweg. Sie erwide... ...von d...
käme. Sie kommt der Sac... ...rar...
bin es, der mit dir redet. ...re Vorstellung V...
den Mann an, für den i... ...re alten Einwand –...
tiefgründige Lehre sie... ...tt oder eine bestimmte...
und erzählt jedem... ...statt. Gott seine...
kommen, um d... ...evangelisten Ogren und...
seiner gö... ...ndiger Theolog...